命理生活新智慧・叢書 28-1

如何創造事業運

《全新修訂版》

金星出版社 http://www.venusco555.com
E-mail: venusco555@163.com
venusco@pchome.com.tw
法 雲 居 士 http://www.fayin777.com
E-mail: fayin777@163.com
fatevenus@yahoo.com.tw

法雲居士⊙著

金星出版

國家圖書館出版品預行編目資料

如何創造事業運《全新修訂版》／
法雲居士著， --臺北市：金星出版：紅螞蟻總經銷，1999[民88] 第1版. -- 2008年[民97年]全新修訂版 面； 公分--
（命理生活新智慧叢書；28-1）

ISBN 978-957-8270-87-9（平裝）

1.紫微斗數

293.11 97009961

如何創造事業運《全新修訂版》

作　　者：法雲居士
發 行 人：袁光明
社　　長：袁光明
編　　輯：王璟琪
總 經 理：袁玉成
地　　址：台北市南京東路三段201號3樓
電　　話：886-2-2362-6655
傳　　真：886-2-2365-2425
郵政劃撥：18912942金星出版社帳戶
總 經 銷：紅螞蟻圖書有限公司
地　　址：台北市內湖區舊宗路二段121巷19號
電　　話：(02)27953656(代表號)
網　　址：http://www.venusco555.com
E-mail：venusco555@163.com
venusco@pchome.com.tw
法雲居士網址：http://www.fayin777.com
E-mail：fayin777@163.com
fatevenus@yahoo.com.tw

版　　次：1999年10月第1版　2008年6月修訂1版　2020年1月加印
登 記 證：行政院新聞局局版北市業字第653號
法律顧問：郭啟疆律師
定　　價：300元

行政院新聞局局版北字業字第 653 號

投稿者請自留底稿
本社恕不退稿

ISBN :978-957-8270-89-9（平裝）

（因掛號郵資漲價，凡郵購五冊以上，九折優惠。本社負擔掛號寄書郵資。單冊及二、三、四冊郵購，恕無折扣，敬請諒察！）

序言

『如何創造事業運』是我以人生周期性波動，以及如何來掌握時間上的關鍵點來改運、增運的一系列叢書中的一本書。

在現代社會裡，大部份的人一生中都有三、四十年的工作期。有些人甚至有長達五、六十年的工作期。也會有人在中年時期，因為某些原因而中輟，而想再開闢另外一片天空，而苦苦等待機會。

人活在這個世界上，好像就是必需要工作，才能對自己的人生做一番肯定。在社會上普遍的人生價值觀裡面，看一個人有沒有出息，常是以此人的事業有沒有根基？做的好不好？來斷定的。但是太多的人在人生中有波濤起伏，而且每一個人運程周期都不一樣，因此具有高標準而達成目標，站在社會金字塔上層的人並不多。

近來接連著有幾個朋友找我論命，他們都是在事業上產生了疑問。有的人是目前工作、事業尚好，但是無法累積財富，以前所揹下的債務無法償清。有的人是突然轉行，可是前途茫茫。他們共同的疑問就是：『難道我就這麼過一生了嗎？』

如何創造事業運

還有一些朋友很有意思，見了我第一句話便說：『我的命很爛喔？要不然我以前是個大老闆，開了很大的工廠、公司，請了很多人，現在卻在替別人打工、做人家的夥計！』

『天下沒有爛命的人，只有運氣不好的人！』這是我的回答。

通常在命理學裡，命運太差的人，在幼年時便會夭折，而無法存在於人世間，能存活下來的人，命運都不算太差了。然而，所謂的『爛命者』則是指不行正道，胡作非為的亡命之徒而言的。通常為非作歹做惡的人，也是因為行惡運，而讓鬼魅近身，其人自身原本的性格中也藏有惡質，兩種條件相合之下而做惡事。因此『爛命者』也真正就是惡人行惡運而得惡果的真實寫照了。

一個堂堂正正的人，若只是事業上的不順利，是根本不可與『爛命者』相提並論的。

在現代這個社會裡，精通命理的人很多。大家都知道『命、財、官』決定了一生的成就，也知道官祿宮顯現了事業的高低與內容。其實我們應該更認真一點來說，是命、財、官、遷四個宮位的連線組合，決定了一生的方向和結果。命盤中其他八

如何創造事業運

個宮位，如父母宮、兄弟宮、夫妻宮、子女宮、疾厄宮、僕役宮、田宅宮、福德宮雖說是閒宮，但也是脈脈相連，對一個人總括的命運有加分、減分的效果助益。因此『夫、遷、福』、『兄、疾、田』、『父、子、僕』，這三個三合宮位也同樣牽制著人一生的成就、結果。

每一個人的命宮內的主星，就如同每一個生命的原始基因。而遷移宮正是影響、塑造這個基因生長、變化的外在環境，財帛宮是支持、供應生命基因的養份、營養素。官祿宮是基因本身荷爾蒙的含量。在這一場生命工程的試驗裡，每一個環節層層相扣，細微精細的彼此相牽連、相制衡，才能形成一個完美無缺，好的生命體。有了好的生命體，自然，代表荷爾蒙生長激素的官祿宮，代表智慧、事業的官祿宮會很完整茁壯的壯大了。而代表養份支持的財帛宮也會更豐富的供應了。因此在人一生的命運裡，命、財、官、遷四個宮位，如果有一個宮位趨弱，或有凶星存在的，人一生的成就結果就會打了很大的折扣。如果這其中再有兩、三個宮位不吉的，折扣就更大了。

另外，在人生中還有其他的變化，就是『行運』的變化，運行流年的好壞，也

如何創造事業運

是影響人生成就與事業的變化因素。如果連續幾個流年都是弱運、破耗、傷剋的惡運，持續的對人的生命體造成傷害、破耗而減少供應養分的話，生命體會枯萎、縮小，或者是回到原點，等到再有好運來時，雖再能生長，速度就很慢了。甚至會長成畸形的狀況。這在我們觀察植物生長的狀況，也可以得到瞭解。植物在冬季嚴寒傷倍受摧殘的狀況下，是停止生長的，因此年輪很密、很緊。在春夏風和日暖中生長快速，年輪很寬。

在我論命的時候，常碰到一些朋友，在人生行弱運的時候，突發奇想的改行。並且頑固、自以為是的不聽任何人的勸誡、分析。最後才發現自己已年紀老大，根本也沒有本錢來任性了。可是此時已後悔晚矣！並且打亂、毀壞了自己人生原本還不錯的事業運。同時也擾亂、搗毀了人生的架構。

『事業運』不但代表了人類聰明才智的展現，同時也代表了這一個人在生命工程裡完美的試驗結果。人生有太多的突變因素，而每一個人都是塑造、主控自己生命工程的設計師與實驗者。倘若每一個人都能確切掌握，並及早發現生命工程中每一個環節所將會發生的小瑕疵，而謹慎小心的預做防範，這個生命工程的實驗就會完美無缺，而此人就一定能佔上社會金字塔的上層頂端了。

這本『如何創造事業運』的書，是我帶領讀者一同來對自己生命的本質、自己生命工程的架構，做一個分析。然後，每個人可以為自己設計出屬於自己的特殊人生方程式，並檢驗出過去生命歷程中的小瑕疵，將之修正改善，創造出完美崇高的人生。同時也創造出永在高峰的事業運。

法雲居士 謹識

◎如何創造事業運《全新修訂版》

命理生活叢書 28-1

如何創造事業運《全新修訂版》

如何創造事業運

前言

這本『如何創造事業運』，原本最原始的構想，我是想以紫微命理中精華的部份來為上班族、從官職的朋友寫一本——如何達到升職願望的『紫微升官術』。但是現今社會中的中小企業主很多，目前社會經濟受到亞洲經濟危機的影響，復甦的情況很慢，很多中小企業的老闆們在事業上都面臨了變局的影響。因此我則以能符合每一個人的需要，來談談大家所關心的『事業運』的問題。

以前我已經出版了一本『紫微幫你找工作』，談到了一個人，在天生命運中會從事工作的類別，其實在根本上，也是點出了人在一生中一定會走的方向和路途。一個人在個性、環境、教育、傳承中所受的影響，都會影響此人一生的際遇和最終的成就、成果。命理學是一種歸納法，就是把很多人曾經發生過的很多因素、結果歸納整理而形成的學術理論。因此我們在應用到自己的身上，來觀察我們自己的人生脈動時，也就份外的清晰明鑑了。

『如何創造事業運』這本書實際上是緊接著『紫微幫你找工作』。之後的一本書。也是在你已經走上了人生方向之後，如何在人生經歷裡創造更好的機運，把成績做出來，做到完美結果的一本書。

『命、財、官、遷』是事業運的基礎

許多人在觀察自己事業運的時候，都知道看官祿宮的好壞，來做依據。高竿一點的人，會看命、財、官三合宮位的吉凶。其實事業運的好壞牽制很廣，我在序裡面就說過：命宮是每一個人生命的原始基因。財帛宮是供應生命體基因的養份。官祿宮是基因所含的荷爾蒙。生命基因縱然有了養份，又有了生長激素的荷爾蒙，沒有適當的環境，也是無法順利生長、茁壯的。因此代表外在環境的遷移宮是在整個生命工程中，同樣也是最最重要的因素了。

遷移宮在生命中是屬於陽光和水的優質環境

既然事業運就是大家所公認一生成敗的關鍵與肯定。那麼要觀察事業運的好壞吉凶，命、財、官、遷四個宮位便是無一可捨棄的了。況且外在環境會影響人的個性、教育接受的程度。並且也直接影響到事業的發展。倘若一個人的遷移宮是吉星居旺，此人一生做事順利，所到之處易受人尊敬、環境富裕，事業發展也迅速無阻礙，很快的便可站上社會金字塔的上端，居於上流社會之中。倘若一個人的遷移宮有凶星，因為相照命宮的結果，在此人的性格上也會產生一些惡質的變化。其人在較險惡的環境中生存，凡事也較不容易開展，所遇到的人、事、物多少有些阻礙，事業做起來辛苦，得到外界的幫助少，事業又那裡能夠順利的進行呢？當然要進入上層社會的層次是較難達到的了。要能登上社會金字塔的上端也就非常不容易的了。

官祿宮在生命中是屬於滋養生命的荷爾蒙

說官祿宮是生命基因所含的生長激素荷爾蒙是一點也不假的事。要鑑定一個人的智慧，不但命宮中會顯示，福德宮中也會顯示，而官祿宮更是會顯示人類智慧精明度的地方。智慧通常和學習能力是有連帶關係的，有好的智慧，學習能力才會強。而官祿宮就是顯現智慧與學習能力的宮位。也因此人在求學階段看讀書成績好壞、或是看此人是不是塊讀書的料時，就是以宮祿宮做解讀的宮位。

其實人並不是只在求學階段才在學習的。人一生都在學習，時代進步、科技昌明、現代人工作上的難度愈來愈高，人倘若沒有很好的學習能力是很難應付愈來愈進步、愈精密的工作的。是故，官祿宮不佳的人，不但是聰明度有問題，學習能力也是落於人後的。

我在這一本『如何創造事業運』的書裡，不但會把每一個命格的人的『命、財、官、遷』所影響、造成的事業運分析給讀者看，同樣也會把造成人生脈動，而直接影響事業運的各種運程，例如『殺、破、狼』運程、『陽梁昌祿』運程、『機月同梁』的運程、『暴發運』的運程，一一分析給讀者看。

四化隨時隱伏於人的命運之中

有的朋友曾向我：『為什麼很少看你談及四化？』以為我對四化不重視。其實認真、仔細的朋友會發現，我都是把四化（化權、化祿、化科、化忌）融合在書中的單元裡。四化不是不重要，它對人不管是存在於命宮、遷移宮、財帛宮、官祿宮……甚至是任何一個宮位，都有對人的命運有加分和減分的作用。化權、化祿、化科是加分的。化忌是減分的，更重要的是它在流年、流月運程中常常會行運逢到，祿、權、科對吉運的助力，更是像推手一般，大力的推扶了一把。而化忌會使吉運轉壞，使惡運更惡，豈有不防之理。但是化星都必需跟隨主星而有不同的善惡，在談一般星曜與運程時就會一起談到，因此沒有再把它們單闢一個章節來談。

如何創造事業運

『事業運』就是一個人的全部人生

『事業運』其實囊括了每個人一生的運程。人年幼的時候是『事業運』的養成期。小時候要成長、受教育、培植一個人的工作能力。青年、壯年就全身投入工作行列了。老年時期是『事業運』的收獲期。因此若是在中年時，事業運落於低點，或是青年時期，事業運無法開展的人，就是根本還不瞭解自己人生方向的人，這就必需好好冷靜思考，作一番規劃了。

每一個人所擁有的『事業運』都不相同，就像每個人擁有的人生也不一樣一般。事業運其實根本就主宰了每個人的人生。某些人的事業運必須出外打拚，才能獲得。但是有很多廉殺坐命者，卻常會留在家中做祖傳的事業或家族事業，開店或做農耕的工作，在家中打拚工作就可以了，而不必外出打拚的。當然會有部份廉殺坐命的人也會外出打拚，但是他們的工作是辛苦又賺錢不多的。這就是每個命格的人有每個命格的事業運和人生，倘若違逆了這種規律性，就會辛苦而賺不到錢，人生也多波折起伏了。必須外出打拚的人，倘若一直待在家裡，待在故鄉，錯過了青春期努力奮鬥的好時光，自然也談不上事業運與豐富的人生了。

如何創造事業運

大多數人的命運，都是隨著感覺走

通常人都是隨著命運的腳步在運作起伏的。也就是『隨著感覺在走』的意思。運氣衝動了，人也脈搏奮張的有努力奮發的衝動了。這在命理上都是可以得到解釋的。例如人在走七殺、破軍、貪狼運程時都有奮發衝動，出外打拚的激勵現象，每一個人可以檢視自己從出生至目前歲數為止，做一張運命線圖，將重大事件標出《法雲居士所著『紫微改運術』中有運命周期線圖的製作法》，即可得到完美的答案，當然，本命命宮就坐在殺、破、狼位置，也就是命宮中有七殺星、破軍星、貪狼星（無論是紫殺、紫破、廉殺、廉破……都算）一生中變動的機率更大，更是動盪不安的。事業運的起伏相對也增大了。同時這也是強悍、不屈撓的性格，更趨動命運『動』的特質。

每個人都有屬於自己特殊獨一無二的人生命運軌道，某些人往往不瞭解，在弱運時，心智會徬徨迷茫，走上叉路，於是離自己的軌道愈來愈遠，而失去了人生的方向。

『事業運』是人生成敗的關鍵所在。人生又是命運的總結成果。我們怎能不清楚的洞悉自己事業運的來龍去脈，並好好掌握『事業運』中的『動』與『發』的旺運點呢？

第一章 如何從『命、財、官、遷』檢驗人生波動，觀察自己的事業運

人的一生，工作時期就囊括了人生中大部份的精華時期。也佔有人生中精壯，具有成熟智慧，創造人生最多財富，完成最多理想、志業的豐富時期。在這麼好的美妙的一般人生中，到底是如何發生，如何進行，又如何達成的呢？很多人只是順勢而行，並不太瞭解自己的人生究竟是為什麼會形成如此的趨勢的。甚至一些事業成功、獲得成就的人自已不瞭解、很多茫茫然仍在摸索的人也不瞭解。

其實人生和事業運連在一塊兒，並不是現在才有的現象。自古以來便是如此。每個人出生以來，要過一生一世也已經是如此。每個人必定要走上工作的道路才能過一個豐富的人生。

每個人的人生不一樣，每個人的事業運也不相同，但總括起來，還是有脈路可尋。這就是命理學的內含和工作了。

現在就讓我們從自己命盤中的『命、財、官、遷』，來瞭解自己到底是屬於什麼樣『事業運』的軌跡，自然可以瞭解自己人生道路中真正屬於自己的道路了。並且我們也可再檢驗目前自己的狀況，印證自己的路子到底走的對不對？

目前你的事業運好的人，你可能走對了路子，而事業運差的人，你可能已偏離了方向，因此你必須思考看看，是否還有機會回到正確的路子上來，不要讓怨嘆淹沒了一生。

每個命宮主星以『命、財、官、遷』所代表的事業運

紫微坐命的人

紫微單星坐命的人，通常會坐命在子宮或午宮。坐命子宮的人，紫微旺度居平。坐命午宮的人，紫微旺度居廟。本命裡以紫微坐命午宮為最佳的形式。

紫微單星坐命的人，遷移宮是貪狼居旺位，這是一種具有無限好機會的快速變動的環境。因此紫微坐命的人，都是態度氣派穩重優雅、高貴，心思又很活的人。在心性上變化迅速，人緣很好，但是他們永遠會與人保持適當的距離，不會與別人掏心掏肺的肝膽相照，也不會與別人形成知交好友。真心的話是不會對別人講的，

也很害怕別人太瞭解他內心的想法。

紫微坐命的人，財帛宮是武曲、天相，他們生長、生存在一個錢財富裕、祥和的環境裡，一生很會運用錢財，永遠充裕富足，因此有點兒不知人間疾苦。也不太願意看見貧苦的人。只要他們想運用錢財，便能得到錢財的資助，找到錢，是非常好命的人。

紫微坐命的人，官祿宮是廉貞、天府，這是一種需要運用智慧、努力一點一滴慢慢累積而成的事業運。而廉府同宮時，廉貞居平，天府居廟，又代表真正的智慧並不太高，企劃經營的能力也不算太好。因此只有努力、小心的計較得失，計較利益而一點一滴的累積而成的事業了。

我們從很多紫微坐命的人身上可以瞭解到，他們在幼年時代並不快樂，由於父母輩所造成的家庭問題，始終影響著他們。他們會有一些同父

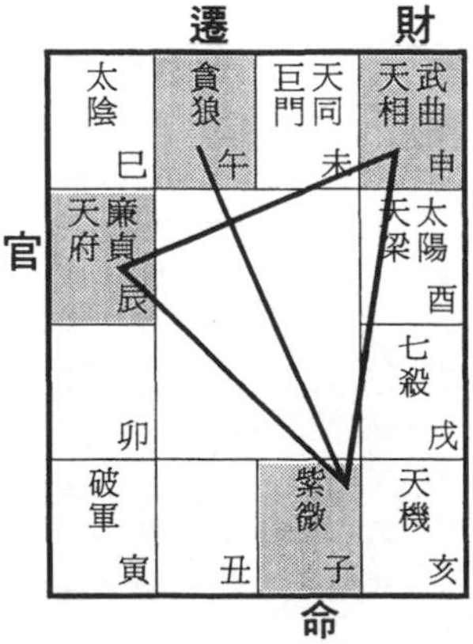

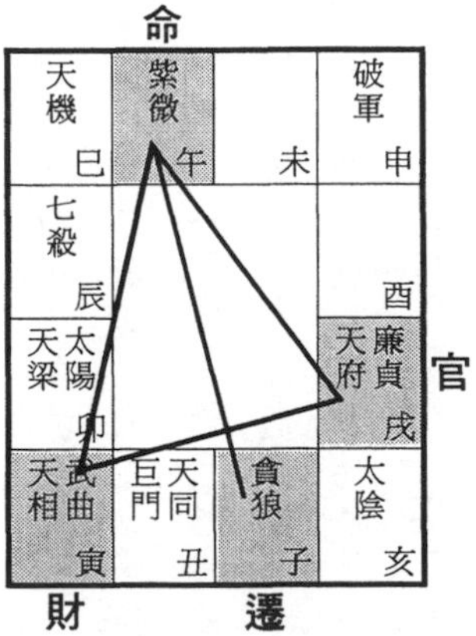

異母、或同母異父的兄弟，生活上很不愉快，成年後對於家庭生活也很淡薄，不太會經營。因此他們是全心全力把心力放在事業上的。在讀書的階段，他們的智力不是最高的，但卻可以平平凡凡的順利拿到高人一等的學位，這當然是他們在私下裡做過很多的努力。因此紫微坐命的人，多半做公職，做政治性的事物，做管理階級的工作。因為他們的性格有些孤傲，高高在上，又喜歡掌權，是絕對無法屈居人下而工作的。尤其是有紫微化權或紫微化科在命宮的人，一定會做官職和高級公務員。

倘若命宮中有紫微星和擎羊、火、鈴、空、劫同宮的人，比較容易走上開工廠或做生意的道路上去，尤其是紫微居子坐命的人，常是如此的，結果是人生常有起伏，不順利的情況發生。這就是說，紫微坐命的人，是不適合做生意的。雖然你們的財、官兩宮都有武曲和天府兩顆財星，但財帛宮的武曲財星和天相福星在一起，而且福星居廟位，武曲財星居得地剛合格之位，因此是康泰享福的局面，打拚的能力是不足的。官祿宮的廉貞又居平，天府居廟。天府、天相、紫微處於命財官三合宮位中都是靜態的星曜，衝動力不足。因此紫微坐命的人，是靠按步就班，一點一滴的累積成就，累積財富而能有成的。做生意必須是有速度感的人才能做的行業。所以紫微坐命的人若是走到做生意的行業上將會很辛苦。賺錢的成果也不會太好。因此紫微坐命的人的事業運應該在公職、官途上。就像美國總統柯林頓就是紫微坐

如何創造事業運

命子宮的人。從政是你們最好的路途了。

紫微坐命的人，在命理格局中很容易形成『陽梁昌祿』格，『命、財、官、遷』四宮位也容易有化星出現，形成照守的格式。甲年生的人有武曲化科在財帛宮，也有廉貞化祿在官祿宮。乙年生有紫微化科在命宮，又有完整的『陽梁昌祿』格，是主富貴的人。丁年生的人會有祿存在命宮或遷移宮中。戊年生的人有貪狼化祿在遷移宮中，外界的機會特佳，人緣特好。但是也因為命宮中有擎羊星同坐，而比較多思慮、操勞、陰險，想獲得多一些，有些貪赧。己年生的人，是紫微坐命中最富有的人了。有祿存與紫微同宮坐命，財帛宮又有武曲化祿，遷移宮有貪狼化權，『陽梁昌祿』格中有天梁化科，生在丑、辰、未、戌時的人，有文昌星在子、午、卯、酉宮出現，『陽梁昌祿』格更是完整，學歷高，財富大，是無人能及的。庚年生的人有武曲化權在財帛宮，『陽梁昌祿格』也很完整，從官職，也能富貴同高。

壬年生的人，雖有紫微化權在命宮，但有武曲化忌在財帛宮，又有擎羊在子宮出現。（命宮坐午宮的人，擎羊在遷移宮內。命宮坐子宮的人，擎羊在命宮中。）這是比較辛勞，性格固執的命格。雖然紫微化權，能使一切事物化厄呈祥，但對於錢財，始終有困擾，經濟狀況是始終不好的。幸而你們有天梁化祿在『陽梁昌祿』格中，多操勞一點，運用智慧，學歷高一點，也能有一些名氣和成就。你們會有祖上遺留下來的產業，積蓄也能小富，只是別太貪財，手邊的金錢是很少的。若貪財就會惹禍上身，因此更不能做生意、投資了。一定要走公職路線才可。

癸年生的人，會有祿存在命宮或遷移宮中出現。但是也有貪狼化忌在遷移宮，你們一生的運氣比較差，人際關係也不圓融，常有是非混亂等災禍發生。因為命格中也會形成『羊陀夾忌』的惡格所致，必須要時時小心才好。

丙年生的人，有廉貞化忌在官祿宮中，又會有擎羊在命宮中，或相照命宮，一生多煩惱，事業也做不好。命格中只要有化忌星在『命、財、官、遷』四個宮位出現的人，煩惱都多，事情容易不順利。有擎羊星在命宮或相照命宮的人，是想得太多，發生問題也多，預防別人太多而煩惱。反而使自已的一生運程不順利。有化忌星在遷移宮的人，外在的環境不佳，多災禍、是非、糾紛、困頓，也容易遇小人、受暗害。又因為是非災禍遭遇多了，又整天疑神疑鬼，更分不清真假是非，又陷自己於困頓之中，因此一生總是不吉。

有廉貞化忌在官祿宮中，在事業工作上會惹官非，並有因一時的貪心，或頭腦不清而犯官事入獄，是非常不吉的。事業的成就也會大打折扣，能持平保泰，積存財富為主，就非常好了。

紫微坐命的人，桃花重。乙年、庚年生的人，又有太陰化忌在僕役宮。尤其是紫微坐命子宮的人，太陰又居陷化忌，常會因為和女人不正常的關係或誹聞案而傷害事業。這些問題多半在走弱運運程時會碰到。就像美國總統柯林頓是紫微坐命子宮的人，在丑年走同巨運，就掀出了誹聞案，而傷害事業運了。這一點在我已經出版的《紫微成功交友術》中，有詳細的分析。同樣的，這也是紫微坐命的人，又生於乙年、庚年的人不得不防的事情。

美國總統柯林頓的命盤

僕役宮 太陰化忌 火星 辛巳	遷移宮 貪狼 左輔 文昌 封誥 壬午	疾厄宮 天同化科 巨門 陀羅 鈴星 天鉞 天空 癸未	財帛宮 武曲化權 天相 祿存 右弼 文曲 甲申
官祿宮 廉貞 天府 庚辰	陽男 火六局		子女宮 太陽化祿 天梁 擎羊 乙酉
田宅宮 地劫 天姚 己卯			夫妻宮 七殺 台輔 陰煞 丙戌
福德宮 破軍 天馬 戊寅	父母宮 天魁 己丑	命宮 紫微 戊子	兄弟宮 天機 天刑 丁亥

紫府坐命的人

紫府坐命的人，是帝王星紫微和財庫星天府同坐命宮的人。代表此人天命是守帝王財庫的人。當然其人本命就是以主富為主。

紫府坐命的人，其遷移宮是七殺。代表外在的環境比較凶悍、險惡、因此必須自己努力自強，才能生存。而他的財帛宮是武曲正財星。本命是守帝王財庫的人，當然有錢，而且對錢財的嗅覺靈敏，非常知道錢財的方向、位置。而他們的財帛宮也正坐在『武貪格』暴發運上。一個能知道錢的方向的人，又擁有可使錢財倍數成長機運和特異功能的人，怎會不富有呢？這是上天賜與的好運道呀！

紫府坐命的人，其官祿宮是廉貞、天相。屬於智慧並不高而平安享福的狀態。我們可以從很

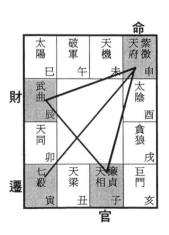

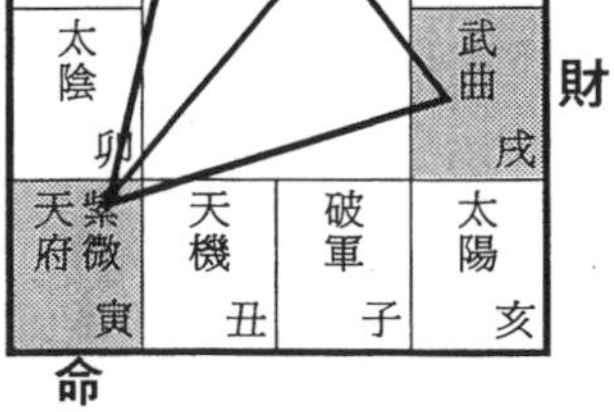

多紫府坐命的身上印證到。紫府坐命的人，幼年時代，家庭中多半有變故，或其人身體不好，而造成沒有完整的較高的學歷。官祿宮的廉貞、天相，代表學習智能不強，但是他們很乖巧，討人喜歡，又有固執，想上進的念頭，很有學習意願，因此願意打拚、奮鬥、學習。恰巧他們的僕役宮是天梁居廟的，貴人運很強。因此他們的暴發運也同時建築在貴人運上，是因人而暴發、而富貴的。

由紫府坐命的人的『命、財、官、遷』四個宮位來看，很明顯的他們就是走經商、主富的路線，為一生事業運的運途了。

但是乙年、辛年生，命宮中有陀羅星的人，和壬年生的人，命宮中是紫微化權、而財帛宮有武曲化忌的人，會從公職、或大機關、企業中的上班族。他們是不適合經商的。乙年生的人，命宮中有紫微化科和天府、陀羅在命宮。財帛宮又有擎羊和武曲同宮，使『偏財運』（暴發運）格變為破格，常會因為某些想法而阻礙了暴發運程，而使自己的一生發得較慢，不算很順利。在錢財上獲得的較其他紫府坐命者少。辛年生的人，同樣也是在暴發運格中有擎羊星，使暴發運成為破格，會有不發，或發得較小之遺憾。倘若辛年所生紫府坐命的人，又生於寅時命宮中會有文昌化忌，其智慧與在錢財上的精明度就很差了。

紫府坐命的人，若生在壬年，命宮中雖有紫微化權和天府。長相氣派，喜歡掌

如何創造事業運

權，並且擁有天生的主導權，但比較固執，只相信自己，不相信別人，做政治事業和公職較好。因為財帛宮有武曲化忌。『武貪格』中又有陀羅，因此暴發運格不會發，金錢上多困擾，只要有錢就有麻煩。只能在事業上衝刺，不能經商。再加上紫府坐命的人，夫妻宮都是破軍星。婚姻並不美滿，配偶就是幫你破財的人，更無法替你守住財庫，因此經商必有破敗。你只有按步就班的積聚財富了。

紫府坐命的人若生在丙年，也不能經商，因為官祿宮中有廉貞化忌，『武貪格』中有陀羅星，事業運不佳，容易有官非、爭鬥，而你最終是拚不過別人的。因此以平順的上班族、薪水階級為最佳路途。倘若你要做生意，就會因一時的想法、估算錯誤，而失敗。而牽涉於官司之中了。

紫府坐命的人，最好是生在己年、戊年、庚年生的人，甲年也不錯。己年生的人有武曲化祿在財帛宮，有貪狼化權在『武貪格』暴發運裡，又有天梁化科在僕役宮貴人運中。是最高最強的富貴命格。而且一定是有高學歷、高文化知識水準的貴人所帶領而至旺運的。

庚年生的人，有武曲化權在財帛宮，又有祿存星在申宮，不管是居於命宮或遷移宮，此人是必定主富的了。有堅強旺盛，並具有主導力的暴發運，每六年一次帶來好運，事業上的成就，更會製造更大財富。

如何創造事業運

戊年生的人，有貪狼化祿在暴發運『武貪格』中，能創造財富，又有太陰化權在父母宮。紫府坐命申宮的人，幼年時代家庭較富裕，也較能得到家產的資助。但婚姻運不吉。同時他們也是在事業中非常賺錢，可是名譽、地位並不高的人。

甲年生的人，有廉貞化祿在官祿宮，又有武曲化科在財帛宮，很能理財，暴發運『武貪格』也很完美，因此也主富。

癸年生的人，有貪狼化忌在『武貪格』中，因此感覺不出暴發運。同樣在錢財上，也會因流年運行貪狼化忌運時，會有不順、災厄發生。貪狼化忌的運程同時也是人緣和機會都很差的時間。因此無法做生意。

紫府坐命的人，於上述甲年、戊年、己年、庚年生的人，會做生意，以從商為事業。而其他年份生的人，則會以上班薪水階級為事業路途。

紫相坐命的人

紫微、天相坐命的人，是帝王星與福星同坐命宮的人。同時我們也可發現到紫相同宮在辰、戌宮時，兩星皆只居得地剛合格的旺度。代表此人在命格中解厄呈祥及享福的能力都只有中等的程度。天相是一顆勤勞持重的福星。因此紫相坐命的人，會擁有氣派、長相好、溫和、穩重的外表，但性格固執有喜歡操勞的特性。

紫相坐命的人，其遷移宮是破軍居旺，這是一種零碎、雜亂無章，複雜多變化，需要整理，復建的一種環境。破軍在遷移宮，也代表著一種時時因消耗太多而破壞的環境。

※我們可以發現，命宮中有天相的人其對宮（遷移宮）必定是破軍。而破軍坐命的人，其對宮（遷移宮）必定是天相。這主要是因為『破軍

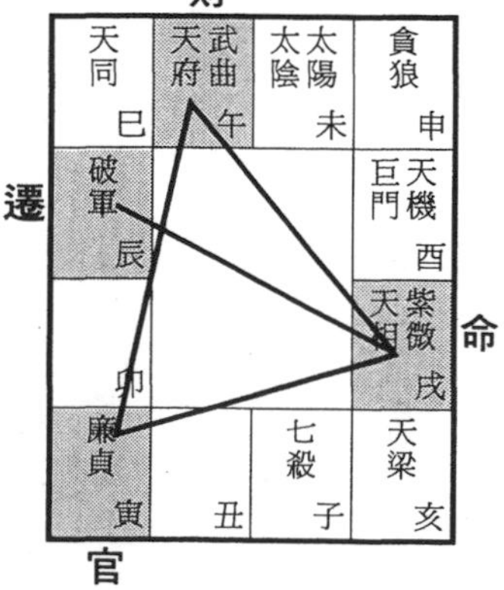

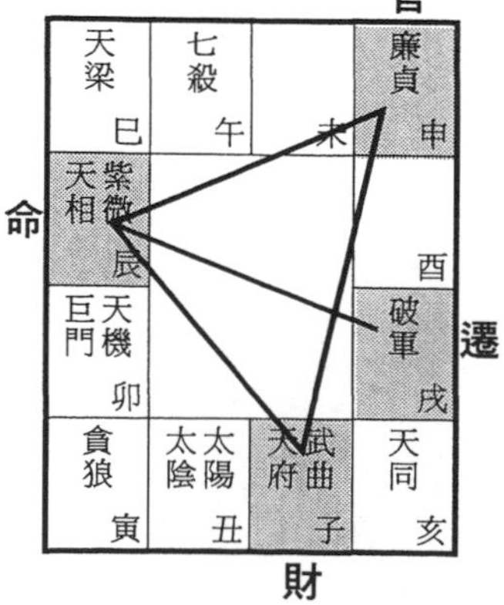

』是戰神，主爭戰、消耗、毀壞，而天相是手藝精妙的福星，總是會在爭戰之後，收拾殘局，來復原，使其又回復到戰前的模樣。這種形式在人生中也會形成競爭、掠奪戰利品，改革重組，救平傷痕、毀壞的跡象，再建造，恢復等一連串的程序環節。因此紫相坐命的人，是鬥志激昂的。他們反覆的在一個雜亂而競爭力強的環境中做復建、整理的工作。也因此他們天性就養成一種具有特殊技能，必須會處理雜亂環境的手腕。所以他們屬於『技術格』的人。

紫相坐命的人的財帛宮是武曲、天府，是正財星與財庫星同坐於財帛宮的人，當然是命中注定有錢的人，只要沒有擎羊星在財帛宮中，也不能是壬年生的人。因為會有武曲化忌在財帛宮中，則財富的多寡和手邊應用錢財的能力，就會相形見拙。

有財星和財庫星在財帛宮的人，對錢財都有敏銳的感覺，很會理財和知道如何增加財富。對財富更有靈敏的嗅覺，知道做什麼事、到那裡去，可以找到非常大的財富，因此財帛宮有武曲、天府這兩個財星在時，是不可有煞星、忌星來同宮破壞的。有煞星，忌星在財帛宮的人，就是手邊的錢袋被老鼠咬了破洞。擎羊星所代表的破洞是中等的破洞，有時還可堵一堵，在流年流月中行經財帛宮的運程時，辛苦勞碌，大忙一場，還可稍為過得去，而武曲化忌所造成的破洞真的是非常之大了，是無法用人力來堵住或彌補的。因此凡是壬年生的人，想發富並不容易，只有靠腳

如何創造事業運

踏實地，一板一眼的工作來積存財富。或是找到一個好的配偶來幫你積存財富了。

紫相坐命的人，其官祿宮是廉貞居廟。代表他們必須用盡腦力來思考策劃，並且還要運用人際關係來做事業。同時也表現出紫相坐命的人，是精於做事的人。

從紫相坐命者的『命、財、官、遷』四個宮位，我們可以看出，他們一生是以不停的籌劃、運作、整合，做為一個事業型態的基礎的。因此紫相坐命的人適合做政府公務員，在具有專業技術的部門工作。也適合做高科技的專業人才，開設工廠，做管理部門的工作。只要『命、財、官、遷』四個宮位沒有羊陀、化忌星，就會找到高收入、高地位的工作。

通常命宮中有紫微星的人都對政治有濃厚的興趣，倘若『命、財、官、遷』有武曲化權（庚年生的人）也對政治有濃厚興趣會從政。因此庚年生的人，也擁有這些條件的人，就很容易在政治及公職機關工作了。

紫相坐命的人，必須在（父、子、僕）三合宮位有文昌星出現，會有高學歷，以及精明的智慧而得財富。倘若有文昌出現在命宮或遷移宮中和破軍同宮，則其人會外表長相文雅，但一生窮困，也沒有什麼發展，更是要走公職和薪水階級才能有平順一點的事業運了。

紫貪坐命的人

紫微、貪狼坐命的人，是命宮中紫微居旺，貪狼居平的人。也就是說在命格與一生命運中，紫微星所佔的份量也較重。因此個性固執、高傲、儀表穩重、體面，以及人生中解厄呈祥的能力，這些條件也比較優厚而居多。貪狼星居平、貪狼是解厄之神，主禍福。居平時，代表運氣並沒有貪狼居旺的人那麼旺，但依然是有一點運氣的人，好運程度有差別。帶有偏運的機遇也較小。貪狼也主慾望，主速度感快速，這一點特性他們仍是保有的一點也不差的。

紫貪坐命的人，都有優美的外型和身材、性急、固執、做事潦草，他的遷移宮是空宮，倘若有擎羊在遷移宮或命宮裡的時候，其人較奸滑，也比較勞心勞力，他的臉型長型，下巴較瘦尖。

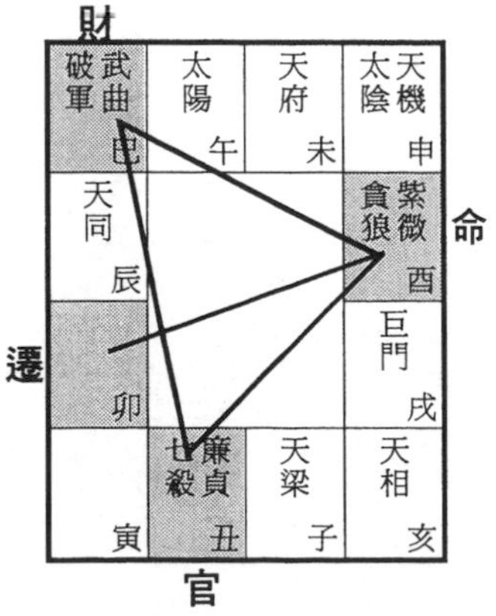

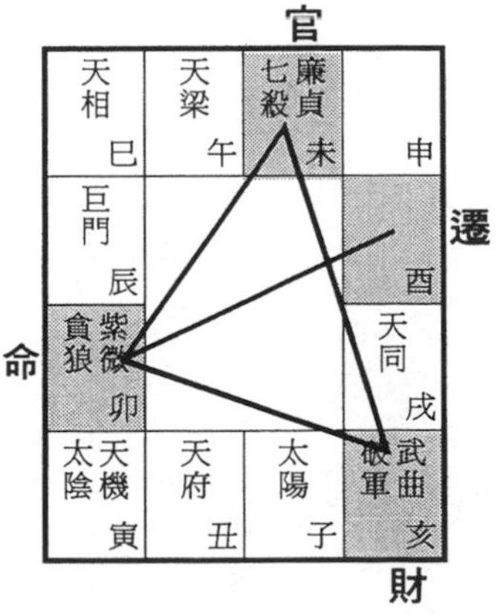

倘若有火星、鈴星在遷移宮或命宮出現時，其人性格較暴躁，但是他有偏財運，運氣也會暴起暴落，一生有大起大落的運勢。

紫貪坐命的人，財帛宮是武曲、破軍。雙星皆在平位，表示他們的理財能力很差，賺不到很多錢，而且是辛苦打拚，卻只是破耗很多，具有很會花錢、耗財的本領。

紫貪坐命的人，官祿宮是廉貞、七殺。廉貞居平、七殺居廟，代表所從事的工作，是只會拚命苦幹，卻不喜歡也不懂用頭腦的工作。

從『命、財、官、遷』四個宮位，連線所得到的資訊，我們可以看出紫貪坐命的人，是沒辦法做技術性的工作的，他們對錢財的敏感度又差，只有做領薪水，又不必花太多腦筋的工作，較適合他們。

紫貪坐命的人，很多人都是做軍警職，也有做政府機構職員、課長等事務性工作的人，他們無法專精於技術性的工作，反而對人際關係中協調的工作較有能耐。紫貪坐命的人，喜歡作官，喜歡發號司令，動嘴不動手，他們不論在軍警業、公職中都能當得至少是一個小官的職務，而可發號司令。因此從整個『命、財、官、遷』的結構中也可看出他們的一生，就是與薪水階級脫不了關係的了。他們的財帛宮是武破，當然無法做生意、投資，否則只有賠本、耗財的份兒。『命、財、官、遷』都沒有帶財的大財星出現，就算是乙、辛年有祿存在命宮或遷移宮出現，戊年有貪狼化祿在命宮中的人，也只不過是一般稍富平順的命格，是無法成為大富翁的。因此紫貪坐命的人，一生以平順為主，事業運並不會很強。

己年生紫貪坐命的人，命宮中有貪狼化祿，財帛宮有武曲化祿。壬年生的人有紫微化權在命宮，他們都會做與政治有關的官途公職。但壬年生的人，也有武曲化忌和破軍在財帛宮中，錢財的困擾更多、更重，官運會不順利。

紫貪坐命的人，最好在命格中形成『陽梁昌祿』格，一生的學識較高，事業地位也會較高、較大，就像陳履安先生就是紫貪坐命酉宮的人，在子、午、卯、酉宮，具有『陽梁昌祿』格，可以拿到博士學位，也能做到國防部長的職位了。

紫貪坐命者的『陽梁昌祿』格中的文昌星，最忌諱出現在命宮或遷移宮中，因貪狼星遇文昌星，會政事顛倒，處事糊塗，其人只空有文質俊美的外表，在工作上是沒有好的幫助與發展的。

紫貪坐命的人，若是丙年生有廉貞化忌在官祿宮中，己年生有文曲化忌在『命、財、官、遷』，辛年生有文昌化忌在『命、財、官、遷』，壬年生有武曲化忌在財帛宮，癸年生有貪狼化忌在命宮，都是會對事業運打折扣，而無法擁有很順利的事業運。

紫貪坐命的人，在命理中通常稱做『桃花犯主』的格局。桃花太強，常侵害到本命事業運。因此有很多紫貪坐命的人，會因誹聞或情色糾葛，傷害到本身的事業運。這是所有的已稍具地位的紫貪坐命者不得不謹慎的事情。

陳履安先生　命盤

財帛宮 武曲 破軍 右弼 陀羅 天馬 乙巳	子女宮 太陽 祿存 天姚 咸池 沐浴 丙午	夫妻宮 天府 擎羊 丁未	兄弟宮 天機化科 太陰化祿 鈴星 臨官 天喜 戊申
疾厄宮 天同化權 陰煞 甲辰	金四局	陰男	命宮 紫微 貪狼 左輔 地劫 天鉞 己酉
遷移宮 癸卯			父母宮 巨門化忌 庚戌
僕役宮 文曲 天刑 紅鸞 壬寅	官祿宮 廉貞 七殺 火星 天空 癸丑	田宅宮 天梁 文昌 壬子	福德宮 天相 天魁 辛亥

紫破坐命的人

紫微、破軍坐命的人，命宮中的紫微、破軍雙星皆居旺位，代表此人天命是屬於皇家御林軍的人。他們外表相貌堂堂，而且氣勢衝動，幹勁十足。是一個喜於衝鋒陷陣的人。

紫破坐命的人的遷移宮是天相。命坐丑宮的人，天相在未居得地剛合格之位。而命坐未宮的人，天相居丑為居廟位。天相是勤勞穩重、一絲不苟的福星。這也代表了紫破坐命的人，雖身處太平溫和的環境中，仍是不能安於平靜，而喜歡蠢蠢欲動。

紫破坐命的人的財帛宮是武曲、七殺。武曲財星居平、七殺居旺。因此紫破坐命的人，必須很辛苦的出外打拚、廝殺，所得到的財富又很少。

紫破坐命的人的官祿宮是廉貞、貪狼。雙星

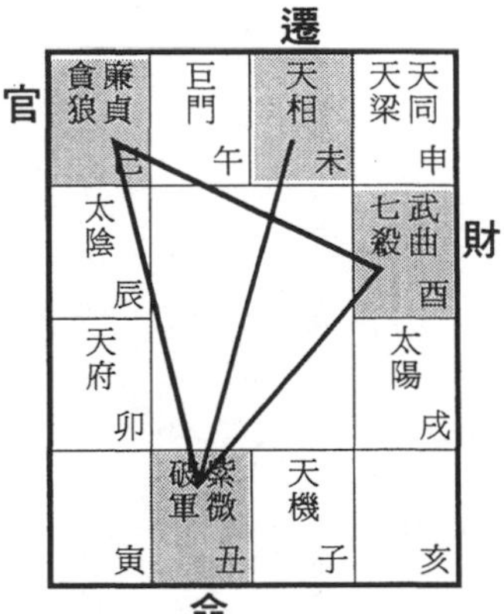

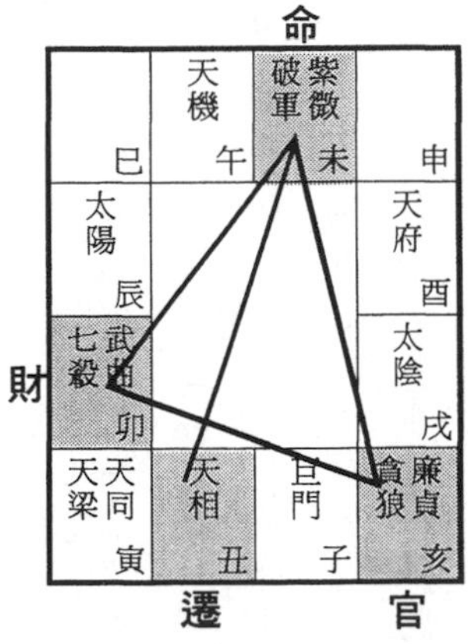

如何創造事業運

皆居陷位。代表他的職業地位是極低的。事業運並不順暢。廉貞代表智慧、謀略，居於陷位時，就缺乏智慧與謀略了。貪狼代表運氣與才能，居於陷位時，也就缺乏才能與事業運了。

由紫破坐命的人的『命、財、官、遷』四個宮位綜合所得的資訊，便是此人是無法有較高的智慧，去做技術性或人際關係方面的工作的。紫破坐命者命格中又有破軍這類耗星。並且財帛宮的武曲財星又居平。所以他們的理財能力也很差，多半是寅吃卯糧的狀況，同時也對錢財的敏感力差，所以只有靠付出勞力苦幹的打拚精神來獲得自身所需的財。

通常紫破坐命者最好的出入，就是做軍職、警察，而且也很少有做到高位的。此命格的人，通常都是工作很多年也無法升遷的人。另外也有些紫破坐命的人，會在工廠中做藍領階級。也沒有什麼高職位可言。紫破坐命者，命格中就有破耗，絕不可做生意，否則一生起起落落，好的時候沒有苦的時候多，一生為窮困煩惱。也有少部份紫破坐命的人會從政、做民意代表，一生起起伏伏，已經是最大發展了。

甲年生的紫破坐命者，有破軍化權在命宮，也有武曲化科在財帛宮，有廉貞化祿在官祿宮，但是會有陀羅在命宮或遷移宮中，並且有太陽化忌在子女宮。表示其人特別固執，衝動，思想仍是不夠精明，才智仍不佳。做些用勞力的工作，可以用血汗賺一點錢，但也並不多，外在的環境、運氣也並不算好，凡事都會拖。乙年生的人，有祿存在卯宮出現，此年生的紫破坐命者，會稍微有錢一點。並且有紫微化科在命宮，外表也會斯文一點。丙年生的人，有廉貞化忌在官祿宮，事業運更差，也可能會從事非法之事而惹官非。丁年生的人，有擎羊星在未宮，其人會比較陰險、煩惱也多，思慮也多，同時也會影響到所遇到的外在的環境也不佳。比較辛苦。戊年生的人有貪狼化祿在官祿宮，其人會因工作上的收入好一點，但仍然職位不高。己年生的人有武曲化祿在財帛宮，貪狼化權在官祿宮，此人多半做軍警職，可以有中高的職位。倘若有文曲化忌和貪狼化權同在官祿宮或相照官祿宮時，事業運又很差了，且會因頭腦不清、政事顛倒，和情色問題而犯事失職。己年生的人，也會因有擎羊在未宮，命坐未宮的人，有擎羊同坐命宮，比較厲害、陰險、心機較重，有利於事業的衝刺。而命坐丑宮的人，擎羊是位於遷殺宮，環境中多險惡，較不順。

庚年生的人，有武曲化權在財帛宮，也會有陀羅星（在未宮）在命宮或遷移宮，其人雖然稍微笨一點，但財運會比其他人好一些，並且他們會在軍警業、政治界工作。辛年生的人，會有文曲化科，文昌化忌，這兩顆星都不可出現在命宮或遷移宮。破軍遇昌曲，一生貧困，再打拚也是沒有錢的了，文昌化忌也不可出現在財、官兩宮位，同樣也是沒有財富與事業的格局，並且錢財與事業的問題重重，一生辛苦過日子。壬年生的人有紫微化權在命宮，武曲化忌在財帛宮，此人也會從事軍警職與政治有關的職業，但一生為金錢痛苦煩惱。癸年生的人有破軍化祿在命宮，有貪狼化忌在官祿宮，又有擎羊在丑宮出現，同樣是事業運不佳，而且會因本人自身的陰險，趨惡的性格，而犯官司，一生命運不佳。

紫破坐命的人，沒有『陽梁昌祿』格，因此學歷和學習能力皆不強，他們有別種聰明，也能找到自己賺錢謀生的路子。紫破坐命的人命格中只有『機月同梁』格，因此必須走固定薪水階級的路途較會平順，做軍警人員，和公職，或者在工廠中上班，都是符合這種運命程式的格局的。倘若『命、財、官、遷』等四個宮位，出現化忌和羊陀、火鈴、劫空等星太多個煞星的人，常會自做聰明，走到別的路途上，或者是經商、投資、做工程等工作，就會有一敗塗地的命程，這根本就是沒有自知之明，而走入困頓之路了。

紫殺坐命的人

紫微、七殺坐命的人，本命中的紫微是居旺的，七殺居平。代表此人天命是帝王身旁並不太積極強悍的大殺將。

紫殺坐命的人，外表穩重、威武，但是他們在性格上對自己不感興趣的事，就顯出不積極的樣子，這主要是因為七殺居平的關係，打拚的衝動並不像七殺居旺的人那麼衝動強烈。但依然是願意埋頭苦幹型的人。

紫殺坐命者的財帛宮是武曲、貪狼。雙星皆居廟位。財帛宮正是『武貪格』偏財運的正格。因此他們對錢財的敏感能力是特強的，而且知道在何時，在哪裡可以發一筆大財，只要不是壬年生、癸年生，有武曲化忌或貪狼化忌在財帛宮的人，都會找到走向自己財富的路途。

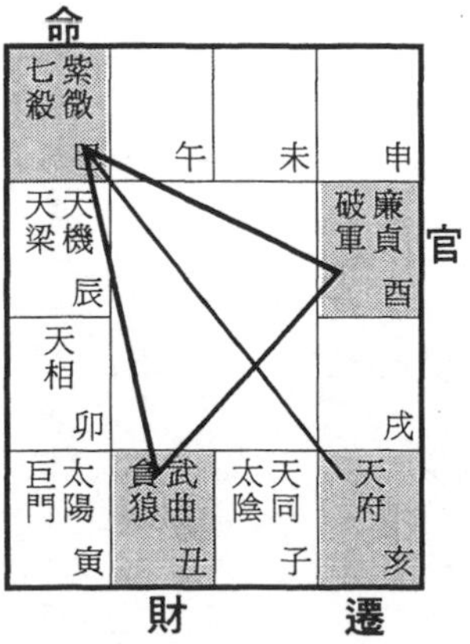

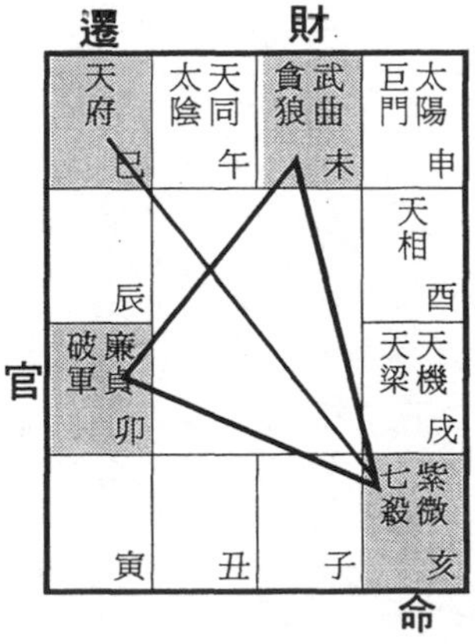

紫殺坐命者的遷移宮是天府居得地之位。表示紫殺坐命者的外在環境是一個中等的財庫。只要外出打拚努力，就可以得到最起碼的財富了。因此紫殺坐命的人，較不貪求，因為他們也只付出中等的努力而已嘛！

紫殺坐命者的官祿宮是廉貞、破軍。廉貞居平、破軍居陷。這也表示其人智慧並不高，在運籌帷幄時也不夠精明，因此做起事來一直有疏忽、破耗。在事業運上不算好，職位也不高。最好是做一些與眾不同，異軍突起的工作，也會有一些不一樣的成就。例如佛光山的星雲法師就是紫殺坐命巳宮的人。

從『命、財、官、遷』四宮來觀察紫殺坐命者一生命運方向，是非常複雜的。基本上他們有正財星武曲和好運星貪狼非常強勢的存在於財帛宮，對金錢有強勢的敏感度，也很會賺錢，但實際在事業運上只有耗星和囚星（廉貞）所主宰的虛耗的事業運。並且命、財、官皆坐於『殺、破、狼』格局之上。其人一生的起伏次數之多，就可想而知了，每三年就有一個變化。因此紫殺坐命的人，也必會走上競爭力強，沒辦法算清是贏是輸的人生旅途。

通常紫殺坐命的人，會在各行各業中出現，尤其是必須辛苦練習、操練、經過長期磨練而出師的行為。例如做音樂家、畫家必須辛苦的練習，例如做體操選手，或做寺廟中的住持，也都需要多年的媳婦熬成婆的功夫。

紫殺坐命的人，因命、財、官皆在『殺、破、狼』上，也最適合做競爭激烈、強悍無比的工作。因此做軍人、警察也非常適合。否則在競爭激烈的保險業、證券業、房地產業工作，也是適得其所。紫殺坐命的人在軍警業中適合做軍需、理財的工作，會有中高的職位。若在一般企業中工作，職位是很難拉抬的。因為紫殺坐命的人，在命盤格局中也很難形成『陽梁昌祿』格，學歷也不高。代表智慧才能的官祿宮又是廉破，因此只有利用行運『武貪格』，運氣好的時候，可以拉抬一下。再加上命盤格局中，空宮又多，因此好運的機會也不太多，所以一生並不算很順利。

紫殺坐命的人，甲年生的人，有廉貞化祿、破軍化權在官祿宮中，命坐亥宮的人，也會有擎羊星在官祿宮出現，會做是非爭鬥很強烈的工作，同時命格中有太陽化忌，也會形成『羊陀夾忌』的惡格，在流年、流月，運行到虎年、猴年或者是寅、申兩宮時，必須小心，有致命的災禍發生。星相學家陳靖怡小姐就是甲年生紫殺坐命的人，在寅年因感情糾紛為男友刺死。

乙年生的人有紫微化科在命宮，為人斯文爾雅，又有祿存在官祿宮或相照官祿宮，會從事文職的工作，一生較平順。丙年生的人有廉貞化忌在官祿宮，事業運較差，也容易惹官非入獄。丁年生的人有擎羊在財帛宮或相照財帛宮，一生有金錢煩惱，『武貪格』暴發運也會有不發或發得較小的問題。戊年生和己年生的人最好了。

星雲法師　命盤

命宮	父母宮	福德宮	田宅宮
紫微 七殺 右弼 陀羅 天馬 6—15 乙巳	祿存 文曲 天姚 丙午	擎羊 丁未	文昌 台輔 戊申
兄弟宮 天機 天梁 封誥 陰煞 16—25 甲辰	火六局	陰男	**官祿宮** 廉貞 破軍 天空 左輔 天鉞 86—95 己酉
夫妻宮 天相 26—35 癸卯			**僕役宮** 76—85 庚戌
子女宮 太陽 巨門化忌 天刑 36—45 壬寅	**財帛宮** 武曲 貪狼 地劫 46—55 癸丑	**疾厄宮** 天同化權 太陰化祿 鈴星 56—65 壬子	**遷移宮** 天府 火星 天魁 66—75 辛亥

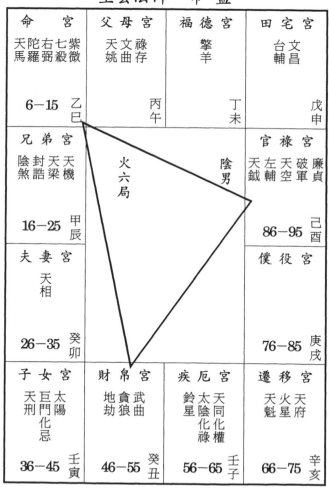

戊年生的人有貪狼化祿在財帛宮，暴發運到時，可發富較大，並且機會較好。己年生的人，有武曲化祿、貪狼化權在財帛宮，同時也會有擎羊在未宮，是暴發運最強的人。庚年生的人有武曲化權在財帛宮。因此這三個年份所生之人，（戊、己、庚）通常會做軍警職，在官職上得到暴發運的助益而升官，或屢創佳績建立功勳而得獎金。辛年生的人，有祿存在酉宮，會在官祿宮或相照官祿宮，是一生較平順的事業運。壬年生的人有武曲化忌在財帛宮，癸年生的人有貪狼化忌在財帛宮、破軍化祿在官祿宮，這兩個年份生的人，都沒有暴發運，且一生為錢所苦，只能做上班族或公職，才會一生平安。

天機坐命的人

天機坐命的人，因命宮所坐位宮位的不同，而有六種格式，有天機坐命子宮的人，天機坐命午宮的人，天機坐命丑宮的人，天機坐命未宮的人，天機坐命巳宮的人，天機坐命亥宮的人。

天機坐命子、午宮的人，本命天機居廟，代表其人為善良、多變、機巧，為益壽之星。此人的性格精明、多計較，是勤勞好動的人。天機坐命的人都非常聰明，但本命中沒有『陽梁昌祿格』的人，也不會把精力花在讀書和致力事業方面。天機坐命子、午宮的人，正是這麼一個精明、好動卻對事業不太認真打拚的人。在他們的本命裡是『機月同梁』格。因此有固定薪水的上班族工作，或公職工作，就已經很滿足他們的需要了。

天機坐命子、午宮的人，遷移宮是巨門居旺，一生所處的環境都是口舌是非多，而本身又喜歡挑剔別人，製造複雜環境的人。所以他們待在家裡是非就多，外出工作，是非也多。

天機坐命子、午宮的人的財帛宮是天同、天梁。這是一種不喜歡競爭，也不賣力的賺錢方式。他的官祿宮又是太陰。天機坐命午宮的人，官祿宮的太陰居旺，尚可在溫和、勤勞，為人服務的前題下，在工作上得一點財利。而天機坐命子宮的人，官祿宮的太陰在卯宮居陷，而財帛宮的天

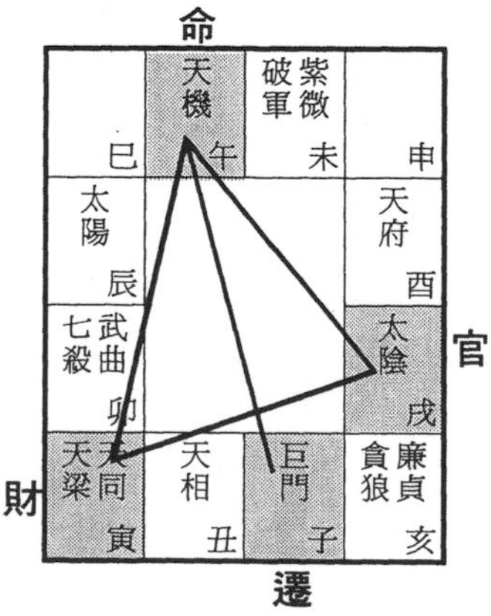

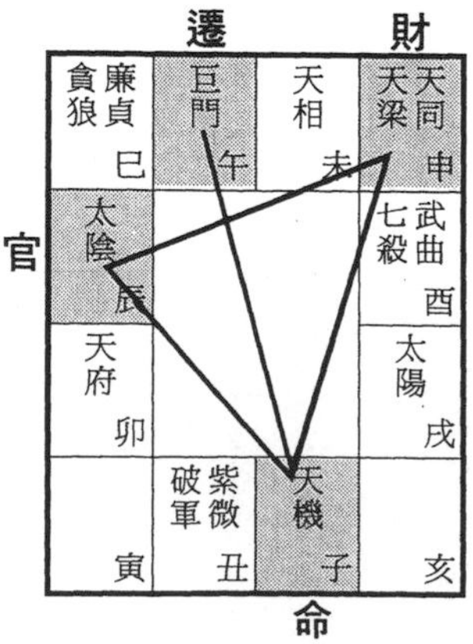

同居旺、天梁居陷。可見天機坐命子宮的人對錢財的敏感度不高，智慧也較差，做事的能力也不好，因此事業運是很普通的了，只要在大公司或大機構中任一個小職員就不錯了。而天機坐命午宮的人，則可以在公職中，或大機構，慢慢熬年資，做一個中等左右的官職。因此職位的高下和一生運程就分出吉凶出來了。

天機坐命的人，父母宮有紫微星，他們一生都靠父母的愛護而得到最大的利益。父母會為他們安排好一切，因此算是非常好命的人。但是天機坐命子、午宮的人，因父母宮是紫破，他們雖然得到父母的照顧，但與父母的感情仍時好時壞，這主要是他們自己心境的多是非，不夠平和的關係，再加上他們的六親宮，絕大多數都不佳（尤其是天機坐命子宮的人），因此容易成為麻煩製造者而不自知，並且也把一生浪費在計較人與人之間的感情糾葛之中了。因此談不上有什麼事業運。己年生有太陰化忌在官祿宮，丁年生有巨門化忌在遷移宮，戊年生有天機化忌在命宮，一生更是等而下之，做一個奉公守法的小職員就很好了，不要再搞怪，使自己更陷於不順的境界。

天機坐命丑、未宮的人，本命中的天機居陷位。天機代表聰明、才智、動頭腦、主計謀。天機居陷時，動頭腦的能力就不強了，反而比天機居旺的人好一點，而不會發生聰明反被聰明誤的情形。並且他們很清楚自己的弱勢，而會向外尋求援助，反而他們一生的運勢與人生會比天機坐命子、午宮的人好很多。

天機坐命丑、未宮的人，遷移宮是天梁居旺，這是一種終其一生頻頻得到長輩照顧的人生。而且是走到哪裡都有貴人相助的命運。而他們的父母宮是紫微、天府，和父母深厚的感情，也訓練了他們在外界的環境中容易討人喜歡，和願意接受他人善意支持援助的心意。

天機坐命丑、未宮的人，其財帛宮是天同居平。這同樣是『機月同梁』格中的一環。在賺錢方面不積極，在理財方面，以及對金錢的敏感度方面同樣很差。他的官祿宮是巨門居旺，代表所從事的職業是問題很多，具有競爭力，有些混亂、人多口雜、是非多，而且容易受到挑剔的一種職業類別。

從『命、財、官、遷』四個宮位來看天機坐

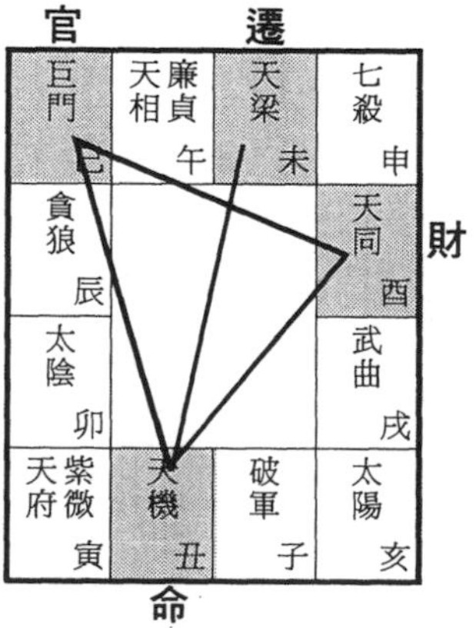

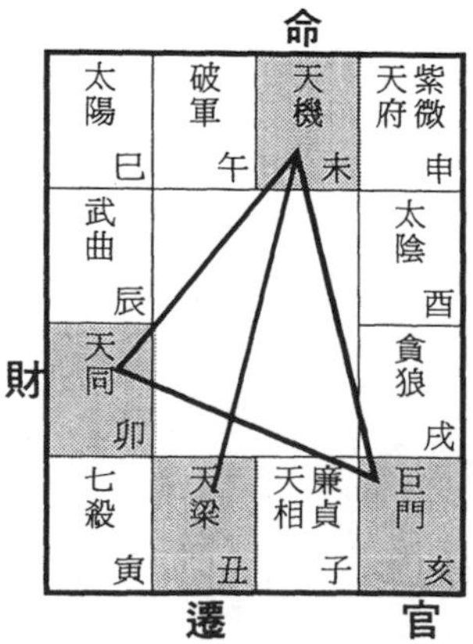

命丑、未宮的人的事業運，他們始終是停留在被動的應付是非紛爭，應付被挑剔的工作環境裡。因此他們的事業運不會太好，只求平安順利就是他們的希望。

通常天機坐命丑、未宮的人，對事情的看法不會很深刻，也不願意太用思考去觀察事情。他們很乖巧，願意接受長輩和上司的安排去做事。因此他們多半會做文職、公職、薪水階級的工作。

但是天機坐命丑、未宮的人，命格中有『武貪格』暴發運，只要不是生在壬年、癸年的人，一生都會受到暴發運格的影響，也會把人生的層次提高。另外，天機坐命丑、未宮的人，庚年生的人有太陽化祿、壬年生的人有祿存和天梁化祿，若再加有三合宮位中有文昌星，形成很好的『陽梁昌祿格』，一生中也會有高學歷，和仕途良好的公職生涯。這一點是比天機坐命子、午宮的人強的地方。像庚年生的人，有暴發運和『陽梁昌祿』格兩種好運齊發的人，一生運勢是此等命格中最高的，事業運也是最高的了。

天機坐命巳、亥宮的人，其本命天機為居平位，是思想與行動力比天機坐命子、午宮的人略差的人。因為其遷移宮是太陰星，太陰是財星，又是溫柔多情之星，因此天機坐命巳、亥宮的人，會利用感情、人情的方式來處理問題。天機坐命巳宮的人，遷移宮的太陰居旺，他們較具有人緣交際的手段。外在的環境也是溫和、財旺的環境，對人有影響力，自己也得到較多的疼愛和利益。天機坐命亥宮的人，遷移宮的太陰是居陷的，所擁有的交際手腕較差，外在的環境不富裕，也頻趨冷淡，較不和諧。倘若再有太陰化忌（乙年生的人）在遷移宮，那就是一生都不順利了。

天機坐命巳、亥宮的人，其財帛宮是天同、巨門，雙星俱陷落。這是一種理財能力不佳，喜歡享福，又享不到福，對金錢又常判斷錯誤，根本沒有金錢敏感力的命格模式。其官祿宮為空宮，有太陽、天梁相照，事業運不強。但是若能形成『陽梁昌祿格』，也可多增智慧，並且有學歷、事業運也會變強、變高。

從『命、財、官、遷』四個宮位來看天機坐命巳、亥宮的人的事業運，其中大多數的人，仍是停留在『機月同梁』格的影響下，做一個普通

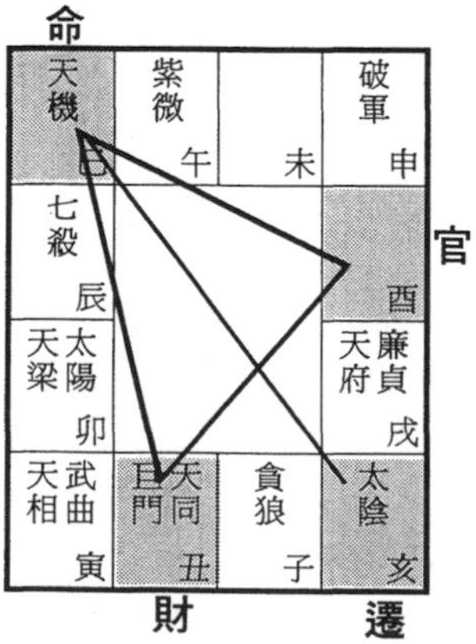

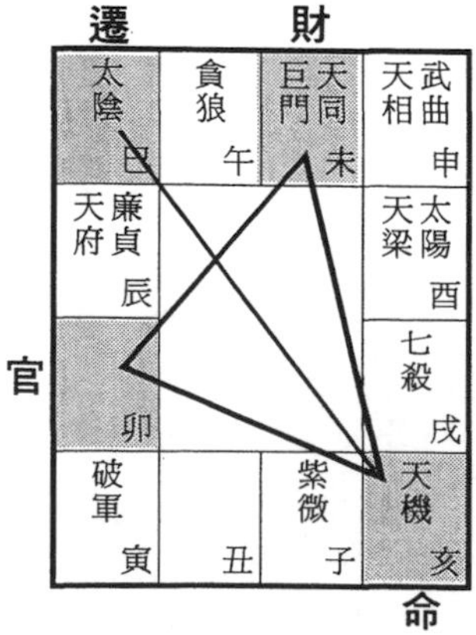

如何創造事業運

的上班族薪水階段。而具有『陽梁昌祿』格的人會學歷高，事業運也較強，一生的成就也會較大。尤其是天機坐命巳宮的人，若再具有『陽梁昌祿』格，就是聰明用到正途上了，事業運會高人一等的。

天機坐命的人，通常都是做文職職員，對事業沒有競爭心，他們都非常聰明，但所關心的事情不一樣。天機坐命子、午宮的人，在家中六親不和，比較關心是非混亂的問題。天機坐命丑、未宮的人，一生安然受到別人照顧，也關心別人到底對自己能幫助多少，與外界保持良好關係，到處尋找貴人來幫助自己就花了很多時間了，根本無暇把時間放在事業上。天機坐命巳、亥宮的人，只關心別人對他好不好？自己夠不夠可愛？也很少會把心思放在事業上。當然最後就形成並不會有高成就的事業運了。

戊年生有天機化忌在命宮的人，思想方式是和一般人不一樣的，固執、扭曲、標新立異，往往會選擇過和別人不一樣的人生，是名符其實悲劇英雄的角色。事業運當然不可能好的了。

機陰坐命的人

天機、太陰坐命宮的人，命宮裡的天機星都在得地，剛合格之位，有特定的聰明程度。命坐寅宮的人，命宮裡的太陰居旺。命坐申宮的人，命宮裡的太陰居平。這兩種命格的人，智慧是相等的，但運用人際關係和交際手腕的能力卻不同了，命坐寅宮的人，太陰居旺，運用交際手腕的人緣較佳，可運用的資源較豐富。而命坐申宮的人，四周可運用的資源就較少，而且人緣和交際手腕也較差。

機陰坐命的人，遷移宮都是空宮，當空宮中有昌、曲、左、右進入時，會增強機陰坐命的人一生的好運氣與好的環境。但是有陀羅、火、鈴進入遷移宮時，會影響機陰坐命人的智慧和所處環境的險惡。

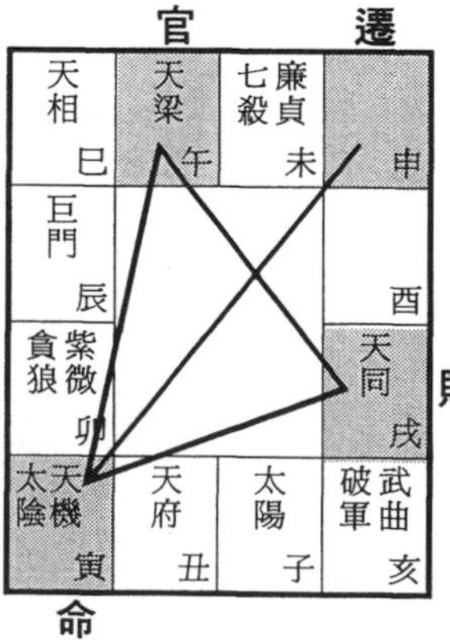

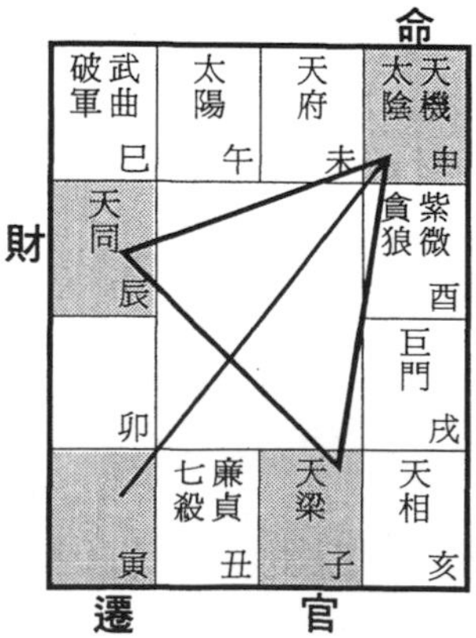

如何創造事業運

機陰坐命者最怕是生在乙年和戊年，乙年有太陰化忌，戊年有天機化忌在命宮，在其一生中常會因本身的思想錯誤，做錯決定，而改變了一生向上趨吉的命運。

機陰坐命的人，其財帛宮是天同福星，官祿宮是天梁居廟。本命中『命、財、官、遷』就坐在『機月同梁』格上，因此是固定上班族的命格。

在現實環境中，機陰坐命者的工作形態範圍很廣，但多半是一些變化性很大，移動速度感很快的工作。機陰坐命者有很多從事演藝圈的事業和模特兒的表演事業。這種人在他的『命、財、官、遷』四宮中多半有桃花星，才能形成以演藝、表演為事業的事業運。如果再有祿存、化祿在『命、財、官、遷』中，則其人從演藝生涯中所獲得的財富是很大的，事業運也會有日麗中天的高峰了。

機陰坐命的人，最普遍的就是做外務、業務員，以及常調動駐防地區，或工作上奔波的軍警人員的職務。

天機單星坐命的人，以本命腦筋的動感為一生事業運的依歸。而機陰坐命的人，以身體的動、環境變化快速的動，為一生事業的依歸。機陰坐命的人，因生命結構躍動的較快，變化較多，除了命中一點財星之外，財、官、遷三宮都無財星，因此是根本不適合做生意，或投資的。他們對金錢的敏感度不高，計算能力也不強，做一般事務性的工作，或是能增加名氣響亮的工作，是較佳的事業形態。只要牽涉到做生意、用錢，便必有敗局。

機陰坐命的人，丙年生的人有天機化權在命宮，又有天同化祿在財帛宮，但是會有擎羊在午宮。機陰坐命寅宮的人，官祿宮會有天梁和擎羊同宮的格局，會傷害貴人運，其人雖然有能力，但以做武職為佳。丁年生的機陰坐命者是文官性質的事業運最佳的典型了。他們有太陰化祿、天機化科在命宮，本人外觀斯文俊美，又有天同化權在財帛宮，一生富裕安享，事業平順，生活愉快。戊年生的人，雖然有太陰化權在命宮，但同時也有天機化忌在命宮，科忌相逢，並不好，普通是以雙忌論。而科忌在命宮同宮，則會特別固執，死性不改而遭災禍，不肯修正，也不會聽從別人的勸告，同時思想偏頗，辨別是非善惡的智慧是有問題的了。

機巨坐命的人

天機、巨門坐命的人，命宮所坐之雙星皆在廟旺之位，代表其人有極高的智慧，和特別挑剔要求的人。一生都會有太多的不滿，與人不和，製造出很多的是非出來。他們的遷移宮是空宮，有文昌星進入時，會形成『陽梁昌祿』而學問高超。有擎羊星進入遷移宮時，會在競爭激烈的環境下生存，容易做武職，或與外科醫生、開刀手術、刀械槍藥有關的行業。

機巨坐命的人，其財帛宮是天同居廟，同樣是對錢財的敏感度不好，也不會理財，適合公職和薪水階級固定領薪的工作。他們的事業宮是空宮，有昌曲，左右入官祿宮的人，會做文職。有擎羊、陀羅、火星、鈴星入官祿宮的人會做軍警武職。

機巨坐命的人很容易在命格中形成『陽梁昌祿』格。只要在『命、夫、遷、福』四個宮位有文昌和化祿、祿存出現，就會形成『陽梁昌祿』格。不但是能讓人具有較高的學歷，同時也會增長人的智慧。更能幫助人在升官、人生進階中保有強勢的作用。老總統蔣介石先生就是機巨坐命的人，並且保有完整的『陽梁昌祿』格。他的官祿宮是擎羊星，因此是從武職軍人出身的事業運。

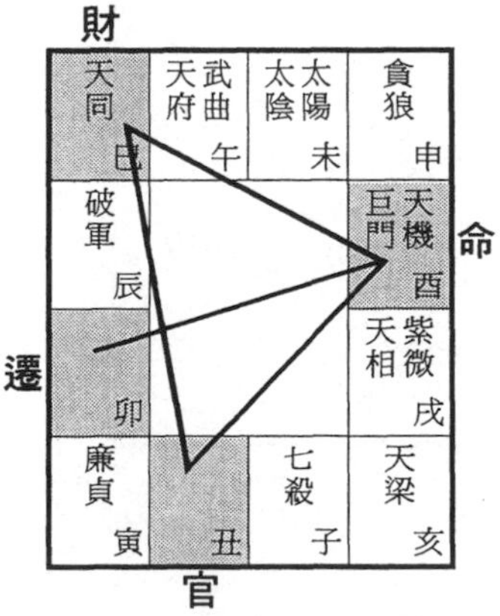

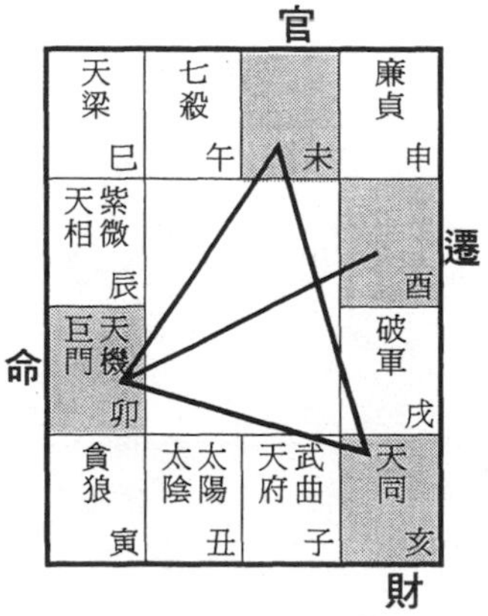

老總統蔣介石的命盤

福德宮 天梁 陀羅 鈴星 天刑 <身宮> 乙巳	田宅宮 七殺 祿存 地劫 丙午	官祿宮 擎羊 丁未	僕役宮 廉貞 天馬 戊申
父母宮 紫微 天相 火星 天空 甲辰	丁亥 庚戌 己巳 辛未		遷移宮 天鉞 天姚 己酉
命宮 天機化科 巨門化忌 文昌 癸卯	金四局	陰男	疾厄宮 破軍 陰煞 庚戌
兄弟宮 貪狼 右弼 壬寅	夫妻宮 太陽 太陰化祿 台輔 癸丑	子女宮 武曲 天府 左輔 壬子	財帛宮 天同化權 天魁 文曲 辛亥

如何創造事業運

機巨坐命的人，會因『命、財、官、遷』四個宮位中所擁有文星和煞星的多寡而有文職、武職不同的人生路途。甲年生的人，會有擎羊星在命宮或遷移宮中，其人外型就會較矮小。（普通機巨坐命的身材高大）並且多操煩，多思慮，還有太陽化忌在『陽梁昌祿』格中，因此影響前途、學歷也不高。乙年生的人有天機化祿在命宮人緣較好，也會有祿存在命宮或遷移宮中，一生比較平順富裕，並且『陽梁昌祿』格中又有天梁化權，學歷較高，事業運較好。丙年生的人有天機化權在命宮，也有天同化祿在財帛宮，是一個很會利用機會掌權的人，生活富裕平順，事業運也好。丁年生的人有天機化科、巨門化忌在命宮，也有天同化權在財帛宮，同時有擎羊在未宮，他是一個性情古怪，生活在爭鬥之中的人，以從武職為事業，愛掌權，並且會利用是非混亂而掌權的人。

戊年生的人有天機化忌在命宮，其人常會因為事情多變化而煩亂，還好此年生的人，會有祿存在巳宮，財運還不錯，是不會為錢財煩惱的。己、庚、辛、壬年生的人，在其人的『陽梁昌祿』格中都有祿、權、科可做事業上的推力，而癸年生的人，有巨門化權在命宮，做具有口才的教授，走政治路線，煽動民眾，都會發展出極佳的事業運出來。

機巨坐命者的事業運和人生動向，主要是以動頭腦為主，其次是以身體的操勞，環境的快速變化為輔的人生運程。

小說家張愛玲的命盤

福德宮 天梁 天空 地劫 巳	田宅宮 七殺 午	官祿宮 陀羅 未	僕役宮 廉貞 祿存 火星 天姚 申
父母宮 紫微 天相 文昌 鈴星 辰	土五局		遷移宮 擎羊 酉
命宮 天機 巨門 右弼 卯			疾厄宮 破軍 文曲 戌
兄弟宮 貪狼 寅	夫妻宮 太陽化祿 太陰化忌 丑	子女宮 武曲化權 天府 台輔 陰煞 子	財帛宮 天同化科 左輔 天馬 亥

機梁坐命的人

天機、天梁坐命的人，命宮中的天機星是居平，而天梁星居廟。機梁坐命的人，表面上看起來有小聰明，但談到大智慧卻是非常不足的。這一點不但可由命宮代表聰明、智慧的天機是居平可得到證實，也可從他的遷移宮和官祿宮都是空宮微弱的程度也可以得到證實。

倘若機梁坐命者的命宮中有天機化忌時（戊年生的人），其人會思想扭曲、固執、一生多不平坦，智慧很有問題。若遷移宮或命宮有擎羊進入時（辛年生的人），其人更陰險、狡詐，會耍很多手段。

機梁坐命的人，其財帛宮是天同、太陰。因此命坐辰宮的人，一生財運較好。命坐戌宮的人，財帛宮的同陰陷落，一生較窮困，不富裕。他們

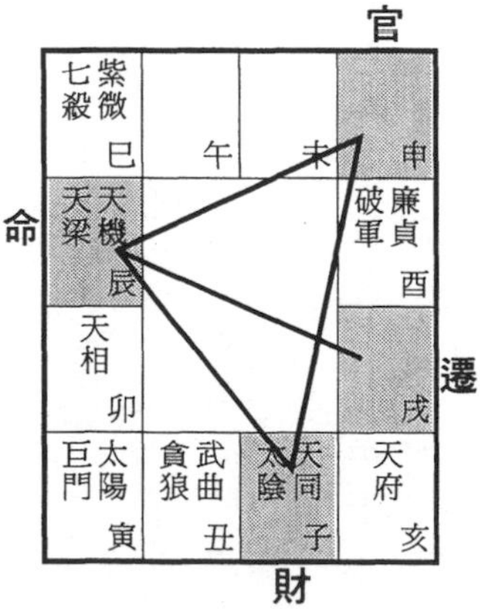

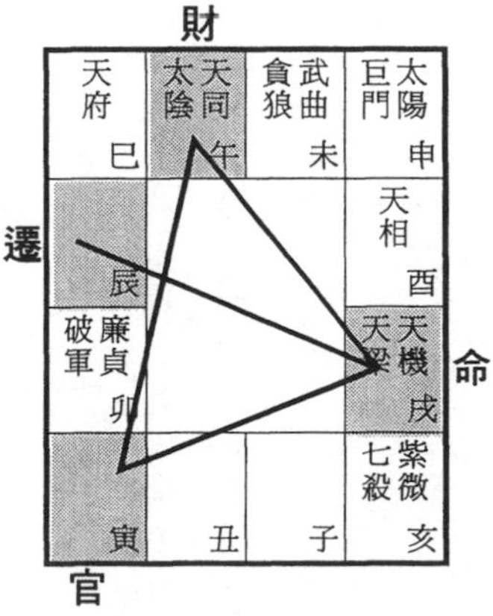

的命宮與財帛宮就連線形成『機月同梁』格了，這是薪水階級的格局，因此一生以公職、上班族為事業依歸。機梁坐命的人，也不可自己做生意，會有敗局。

機梁坐命的人有『武貪格』暴發運，除了壬年生的人有武曲化忌，癸年生的人有貪狼化忌之外，大多數人都會有偏財運，並且有大小之分。機梁坐命的人都很熱衷偏財運，但他們的偏財運多數是十二年才發一次的，對於他們人生中的影響很微小，並不能真正有所幫助。

機梁坐命的人，常自恃聰明機巧和偏財運，喜歡做生意和做股票，但總容易失利，這就是財帛宮的同陰雙星不是競爭取財的星，而官祿宮是空宮，事業多做不長，相照官祿宮的星又是太陽、巨門，也不是財星之故了。

機梁坐命的人，事業能力都不高，主要是因為『命、財、官、遷』四個宮位，有兩個是空宮的緣故，沒有強有力的運星和財星入坐，本命又不主財之故。乙年生有天機化祿、天梁化權在命宮，同時又會有擎羊星在命宮的人，比較厲害。但財帛宮會有太陰化忌，錢財仍然不順，常為錢所困擾。丙年生有天機化權在命宮，也有天同化祿在財帛宮，是比較有出息的人，勤勞守份會有一點事業成就。丁年生有天機化科在命宮，有太陰化祿、天同化權在財帛宮，最好是命坐辰宮的人主富。但是丁年有巨門化忌相照官祿宮，事業上職位仍是很低不順利的。

機梁坐命的人，沒有『陽梁昌祿』格，代表智慧，學習能力的官祿宮又是空宮，就連相照過來的陽巨也不是智慧之星，因此事業運只求平順罷了，是無法要求有高職位，高成就的了。

太陽坐命的人

太陽單星坐命時，會有坐命於子宮、午宮、辰宮、戌宮、巳宮、亥宮等六種不同坐命的人。

太陽坐命子宮和太陽坐命午宮的人，其遷移宮都是天梁。命宮和遷移宮的太陽、

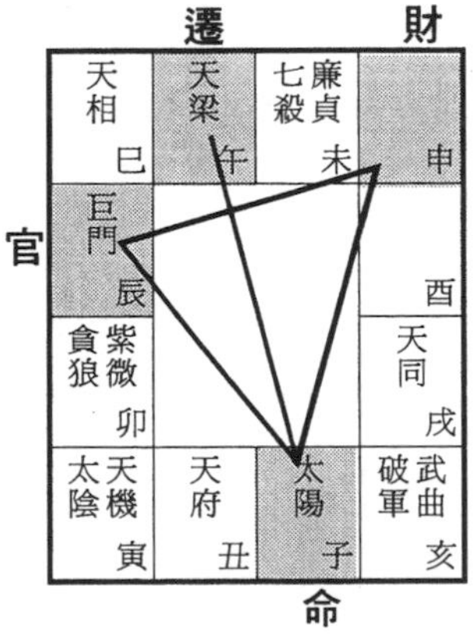

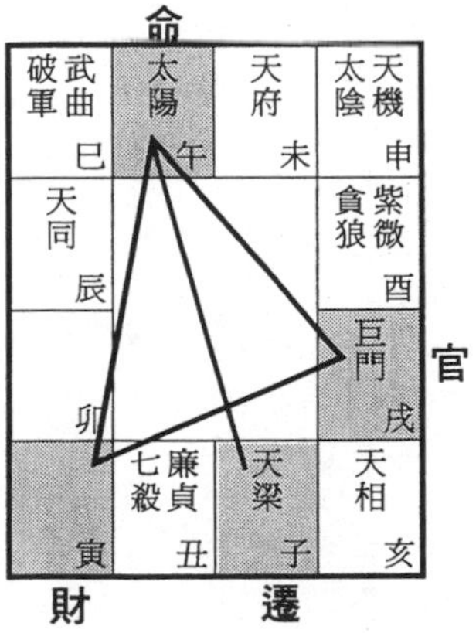

天梁已佔有『陽梁昌祿』格中兩顆主要的大星，若再有文昌和祿星在四方三合地帶，即可形成『陽梁昌祿』格。因此太陽坐命子、午宮的人，是極容易得到『陽梁昌祿』格的。這個格局不但能幫助人具有高學識，同時也是促進人智慧發展，學習能力與創造事業的有力格局。

太陽坐命子、午宮的人，財帛宮是空宮，有天機、太陰相照。財帛宮是空宮的時候，即表示其人對金錢的理財能力、敏感力都不夠強了。有機陰相照，得到錢財的能力也變化多端，並不是很順利。太陰雖是財星，但和天機同宮時，會被天機浮動的特性所影響，減低了主財的能力，因此它是無法和太陰單星居旺時所能發揮的財星功能相比的。並且太陰是陰藏積蓄的財，被天機一攪動，全露白了，故儲存不了。

太陽坐命子、午宮的人的官祿宮是巨門居陷，這是一種是非爭鬥比較多的職業。在工作上口舌是非多，也容易遇到奸詐狡猾之人。太陽坐命的人，一向都是大而化之，不計較，性格寬宏的人，在遇到這種工作環境，和工作內容時，心境都會心灰意懶，沒有什麼幹勁了。

從『命、財、官、還』四個宮位來看太陽坐命子、午宮的人，一生的事業運是『機月同梁』格和『陽梁昌祿』格兩種格局交織的事業運，其中因財帛宮有機陰相照，因此得財的方式是『機月同梁』格，是以做公職或固定領薪的上班族是最好的工作模式了。若要事業有進展、蓬勃起來就要掌握『陽梁昌祿』這個格局。

太陽坐命子、午宮的人，因性格溫和不愛爭，但工作上就會遇到強悍的競爭對手，他們常常放棄而不爭，因此這個事業運的成敗是完全取決於其人性格上的積極性的。

通常太陽坐命子、午宮的人，會做文職，也會做武職。也可能和配偶合作，做一點小生意，他們性情懶散，隨遇而安，並不太會計較職位名份之事。人生就是以平順無波浪為一生的宗旨了。

太陽坐命的人，就怕生在甲年，有太陽化忌在命宮，一生心情煩悶，不順，也會自找麻煩，使平順的人生，帶來災禍。太陽坐命子、午宮的人，也怕乙年生，有太陰化忌在財帛宮，有一生窮困之憾。丁年生有巨門化忌在官祿宮也不好，代表智慧不高，也容易牽涉黑道不法之事。丁年生命宮坐子宮的人尤其要注意有入獄之災。

太陽坐命子、午宮的人，最好就是生在庚年有太陽化祿在命宮，或生在辛年有太陽化權在命宮，這樣可以使事業在平順中多得一些助力。太陽坐命的人，是需要時間的累積才能顯現成就的。因此是急不得的。

太陽坐命辰、戌宮的人，其遷移宮都是太陰。

而太陽坐命辰宮的人較好，日月居旺。而太陽坐命戌宮的人，有『日月反背』的格局，命格略差一點。因遷移宮中的太陰居陷，一生所遇到的環境是既不富裕，又比較冷漠的環境，所受到的待遇也比較差。太陽坐命辰宮的人，遷移宮的太陰是居旺的，一生所受到的待遇較好，是溫暖有情的環境。

太陽坐命辰、戌宮的人的財帛宮是巨門居旺。巨門這顆星居旺時，在財帛宮和田宅宮都是極佳的位置，在其他的宮位都不好。巨門居旺在財帛宮中代表熱鬧滾滾的賺錢。並且要多費口舌的來賺錢，財運是還不錯的。

太陽坐命辰、戌宮的人，其官祿宮是空宮，有天同、天梁相照。這個事業運也是不強的。太陽坐命辰宮的人，官祿宮相照的同梁，是天同居

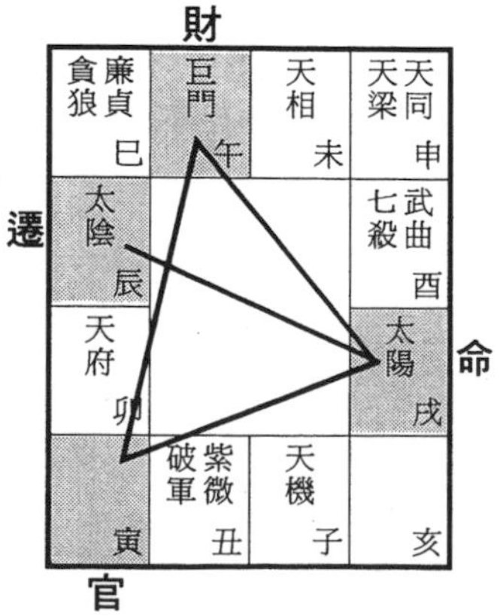

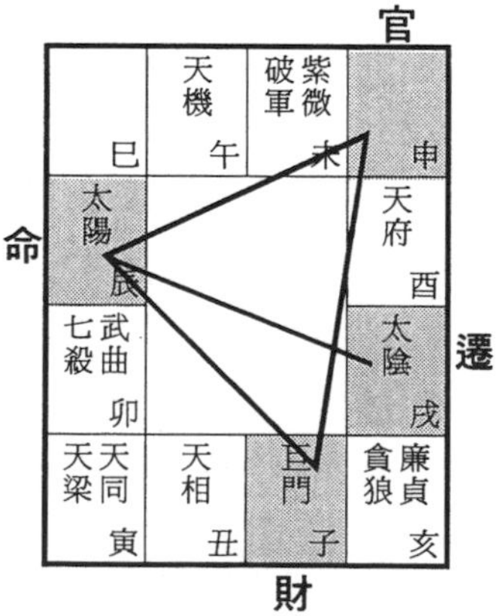

平，天梁居廟。因此太陽坐命辰宮的人，是比較勤快，稍為願意打拚事業的人。太陽坐命戌宮的人，相照官祿宮的同梁，天同居旺，天梁居陷，他們是在事業上打拚能力較不足，較懶惰的人，事業運怎會好得了。從『命、財、官、遷』四個宮位來看太陽坐命辰、戌宮的人的事業運，可以發現他們是比一般人享福得多，對於工作懶散得多的人。他們的工作性質多半是運用口才表現一下就可賺到錢了。因此對於創造事業高峰的問題並不會多用思考去想。所以他們的一生只要平平順順的開心就好了，沒有競爭心，也就沒有事業上的煩惱了，做一個普通的上班族，就很足夠了。

太陽坐命辰、戌宮的人，在命格中沒有『陽梁昌祿』格，只有『機月同梁』格。因此很難開展較大的事業格局。

太陽坐命巳、亥宮的人，其遷移宮是巨門居旺，是一個是非很多、競爭激烈的環境，別人會用挑剔的態度來看待他們，幸虧他們性格溫和寬宏、不計較，而可以在這個環境中生存。命坐巳宮的人，太陽居旺，一生的旺運比較多。而太陽坐命亥宮的人，有『日月反背』的格局，比較起來運氣差多了。

太陽坐命巳、亥宮的人，其財帛宮是天梁，這是靠名氣、靠智慧、靠進取、所賺的財，同時這也是『陽梁昌祿』格中主要的一顆星。他的官祿宮是太陰。因此只要命、財、官三合宮位再有文昌、祿星出現，格局就會呈現完整的『陽梁昌祿』格了，也因此太陽坐命巳、亥宮的人是最容易形成『陽梁昌祿』格，具有做大事業本錢的人了。但是在這其中，還是以太陽坐命巳宮的人，所有一生的運程和事業運是最好的。

太陽坐命巳、亥宮的人，在人生運程裡還有『武貪格』暴發運，這也是會增進人生事業一大助力的推動力量。因此在太陽坐命巳、亥宮的人命格中就有三種格局在交互推動運行，使他們的人生與事業都會高出其他太陽坐命的人許多。這三種格局就是『陽梁昌祿』格、『機月同梁』格、『武貪』格。

太陽坐命的人，不論是做軍警職、官職、亦或在私人機構中工作，一定是規規矩矩的上班族，領薪水的人士。他們的一生也比較平順，沒有什麼大起伏。只有太陽坐命巳、亥宮的人，上進心與企圖心稍微強一點。因此在事業運的論斷上，

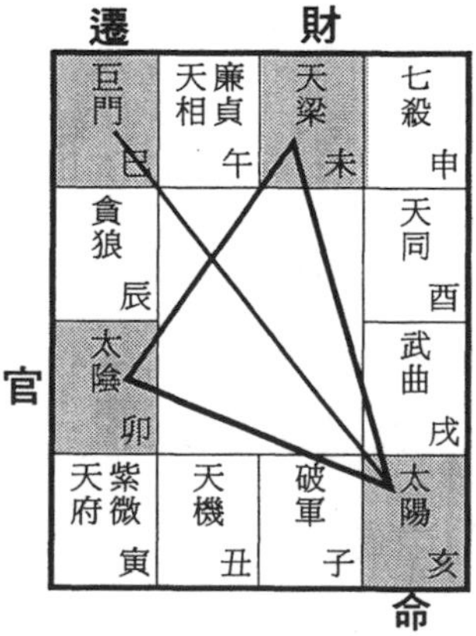

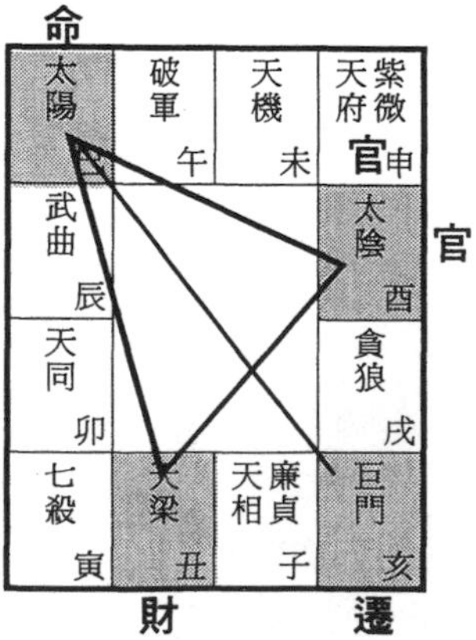

太陽坐命巳、亥宮的人，是事業較高的人。而太陽坐命巳宮的人，又因一生運程較好，事業運會更好一點。前台北市長黃大洲先生就是太陽坐命巳宮的人，辰年時還有『武貪格』暴發運，官運會有更佳的發展。

黃大洲先生　命盤

命宮 太陽 祿存 2－11 癸巳	父母宮 破軍 擎羊 12－21 甲午	福德宮 天機化權 鈴星 22－31 乙未	田宅宮 紫微 天府 地劫 32－41 丙申
兄弟宮 武曲 陀羅 壬辰	水二局	陽男 丙子年生	官祿宮 太陰 天鉞 42－51 丁酉
夫妻宮 天同化祿 台輔 52－61 辛卯			福德宮 貪狼 戊戌
子女宮 七殺 天空 庚寅	財帛宮 天梁 文昌化科 文曲 辛丑	疾厄宮 廉貞化忌 天相 庚子	遷移宮 巨門 天魁 火星 己亥

日月坐命的人

日月坐命的人，就是太陽、太陰同坐命宮的人。當日月坐命丑宮時，是太陽居陷，太陰居廟的人。其人有較內向、陰柔的外表，長相美麗。本命是財星居旺的命格，會運用學到的技能來賺錢生財，他們的生活比較富裕。

當日月坐命未宮時，是太陽居旺，太陰居陷的人。其人外表開朗、陽剛，本命是官星居旺的人，比較會注重事業、名聲。

日月坐命者的財帛宮都是空宮，有機巨相照。財帛宮中沒有主星，相照的星也不主財，因此日月坐命的人，對錢財的問題還是把握得不好，並且對金錢的敏感能力也是不足的。只要沒有擎羊進入財帛宮，相照財帛宮的天機、巨門也不能有化忌跟隨，就可以用所學到的知識、手藝，來賺

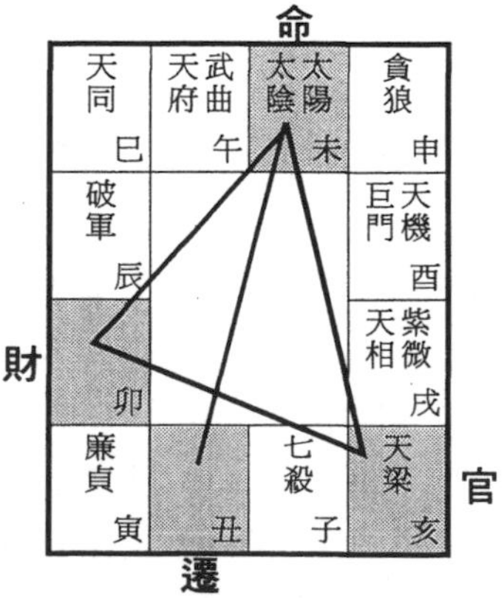

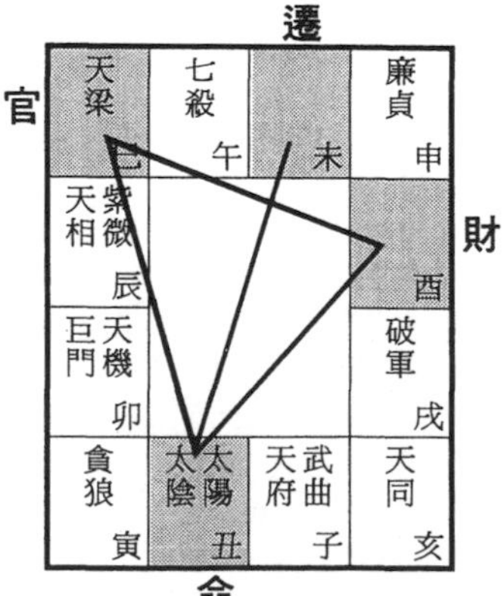

到夠自己所需的錢財了。命宮中有太陽的人，因為財帛宮都不強，很少會成為大富之人的。平順、富足就已經不錯了。

日月坐命者的官祿宮是天梁陷落。在事業上沒有貴人運。在職位升遷上也較坎坷。但是日月坐命的人，在命、官兩宮有太陽、天梁，只要再有文昌、祿星出現在『命、財、官、遷』四個宮位，很容易就會形成『陽梁昌祿』格。有『陽梁昌祿』格的人，事業才會有大發展，沒有的人只是一般上班族命格罷了。命宮坐於未宮的日月坐命者，更需要有『陽梁昌祿』格，否則一生是談不上有什麼事業的。

日月坐命者的事業基礎也是存在於固定領薪的上班族形態。命坐未宮的人，容易做公職、軍警職、教職、大公司機構任職。而命坐丑宮的人，會做公職、教職、銀行機構職員、教授音樂、美術的老師等職。他們都是以自己所學到的專業知識，做為一生事業的基礎，來賺取薪水的。

日月坐命的人，甲年生的人有太陽化忌在命宮，乙年生的人有太陰化忌在命宮，丁、己、癸年生的人有擎羊在命宮或遷移宮。都是會使事業運不順的，事業的成就也會受到刑剋。命格中比較好的還是庚、辛年所生的人，有太陽化祿、太陽化權在命格，若再形成『陽梁昌祿』格的話，一生的事業運會增高許多。

陽梁坐命的人

太陽、天梁坐命的人，其遷移宮是空宮，這個位置有可能會有昌曲、左、右、擎羊、火、鈴等星進入，也可能就只是空位。倘若有昌曲，左右入宮時，此人一生所受到的待遇很不錯，終其一生較幸福。而且有文昌星進入時，就會形成正牌的『陽梁昌祿』格，可多增智慧，使事業運能擴大。倘若有擎羊、火、鈴等煞星進入時，一生比較辛苦，憂煩也多一點，始終是處在尖銳、不和諧、競爭激烈的環境中。

陽梁坐命的人，是性格豪放開朗，重視朋友，喜歡照顧人，又喜歡做大事業的人。命宮在卯宮，又具有『陽梁昌祿』格的人，比較能達到願望。命宮在酉宮的人，因太陽居平，天梁在得地剛合格之位，做事心情比較懶，衝力

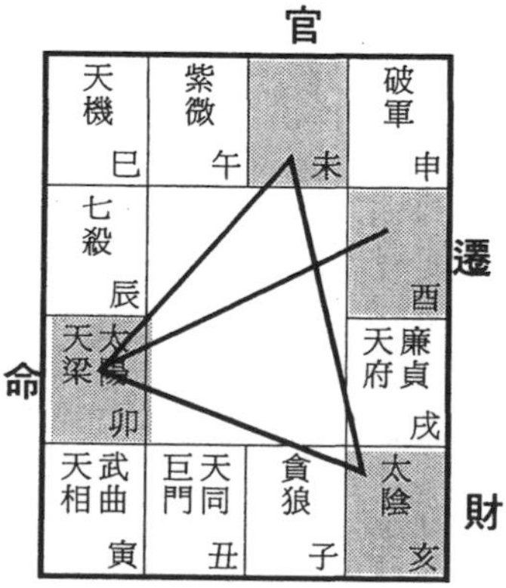

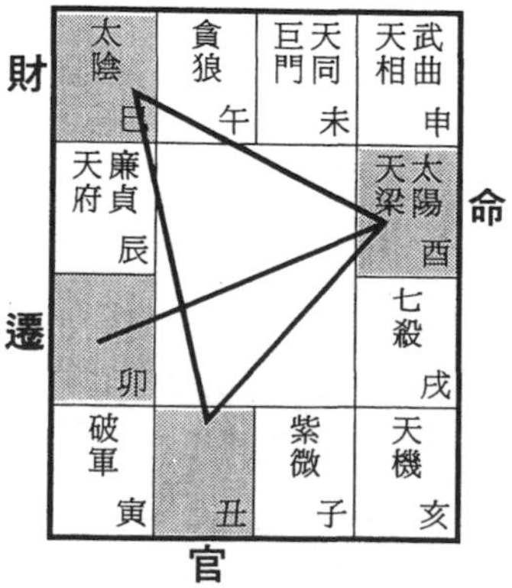

不足，事業運不強。

陽梁坐命的人，其財帛宮是太陰。命坐卯宮的人，財帛宮的太陰居旺，手邊可運用的錢財富足。而命坐酉宮的人，財帛宮的太陰居陷，一生為金錢煩惱。

陽梁坐命的人的官祿宮是空宮，有天同、巨門相照，空宮在事業運中自屬弱運，相照的同巨又俱陷落。因此事業運是極差的了。

縱觀陽梁坐命的人，『命、財、官、遷』四個宮位中，有兩個宮位都是空宮，而官祿宮相照的星曜又是陷落的同巨，可想而知，此人一生的運程是胸懷大志，而不一定能成功的了。

如何創造事業運

陽梁坐命的人最怕甲年生，有太陽化忌在命宮。會一生煩悶，多惹是非，一生不順。也怕乙年生有太陰化忌在財帛宮，錢財不順。其實壬年生有武曲化忌的人，無論是任何命宮坐命的人，都是會有金錢煩惱的人。陽梁坐命的人也不喜歡丁年生有巨門化忌相照官祿宮，本來已不強的事業運更是雪上加霜。

陽梁坐命的人最好就是做公職，或軍警職。在公家機關做事，比較保險。陽梁坐命的人，最可能的就是從政了。不過最後還是會走到官途之上。桃園縣長劉邦友就是空宮坐命酉宮，有陽梁相照的人，在命格的屬性上也是屬於陽梁坐命系列的人。我們可從他的『命、財、官、遷』四個宮位很清楚的瞭解到，他遇害的原因還是在於『錢』字。因為財帛宮是天機陷落，對錢財的敏感度與掌握能力不佳。同時又是壬年生的人，具有武曲化忌，更增金錢的不順。官祿宮又是同巨，因此很清楚的指出，這只是他所走的大運和流年運程較好，才可以當上桃園縣縣長之職，事業運是不會太順利的。並且也在走武曲化忌的大運遇害。

劉邦友先生的命盤

財帛宮 天機 天鉞	子女宮 紫微化權 鈴星	夫妻宮 文昌 文曲	兄弟宮 破軍 陰煞 天空
疾厄宮 七殺 火星			命　宮 台輔 4-13
遷移宮 太陽 天梁化祿 天魁			父母宮 廉貞 天府 陀羅 14-23
僕役宮 武曲化忌 天相 左輔化科 地劫 54-	官祿宮 天同 巨門 44-53	田宅宮 貪狼 擎羊 右弼 34-43	福德宮 太陰 祿存 天姚 24-33

陽巨坐命的人

陽巨坐命的人，其遷移宮是空宮，由命宮的陽巨相照過去。而財帛宮也是空宮，由福德宮的天機、天梁相照過去。官祿宮也是空宮，有夫妻宮的天同、太陰相照過去。在『命、財、官、遷』四個宮位中，就有三個宮是空宮，如此的事業運，真是太不強了。

陽巨坐命的人，只有靠命宮這兩顆主星來獨撐事業運的大局。要說陽巨坐命者是傻呼呼的人，他們是非常生氣的。因為命宮有巨門星，因此非常計較而挑剔。本來巨門星居廟，也帶有聰明、才智、速學速成的能耐。但是巨門和太陽這顆星在一起，太陽的寬容，不計較，凡事無所謂一起混合，陽巨坐命的人就發展出性格固執，對自己的寬容性大，對別人才計較的性格。因此他們在

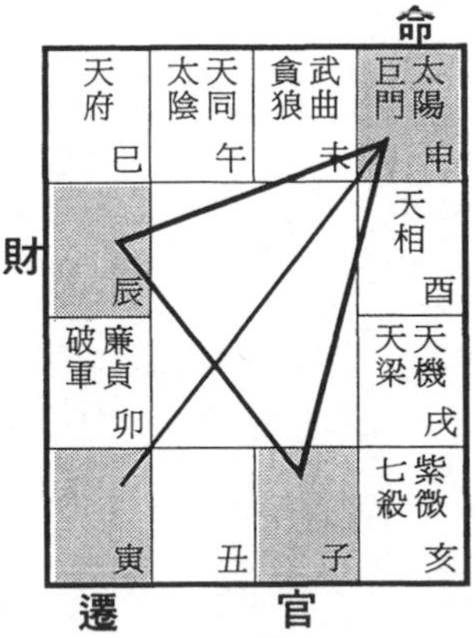

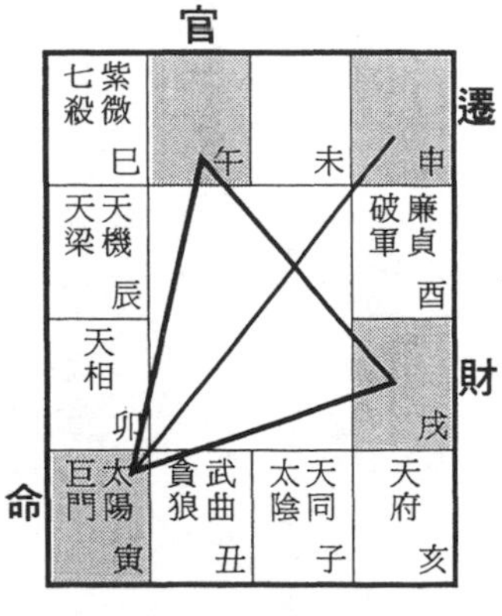

學習能力上是很差的（在太陽坐命系列中屬最差的）。倘若又有羊陀、火鈴、劫空、化忌在命、財、官、遷四個宮位裡出現，做事笨拙，自以為是，就是常常為人詬病的把柄了。

陽巨坐命的人，財帛宮是空宮，有機梁相照，這是『機月同梁』格的一環。官祿宮是空宮，又有同陰相照。財官二宮就可形成完整的『機月同梁』格。因為這個格局完全是靠相照的力量，因此屬於『暗局』。也因此陽巨坐命的人，常會弄不清方向，常換工作，有時又想做一點小生意，東做做、西做做，總不稱心如意。其實你們只要天天去上班，做一份固定的工作，長久的做下去就會找到自己的方向了。

陽巨坐命的人，財帛宮是空宮，有機梁相照，機梁不主財，且對錢財的敏感度不夠。對運用錢財的智慧也不足，是不可以做生意的。但陽巨坐命的人常會不相信，硬要試試看，只有重複嚐試敗局了。

陽巨坐命的人，官祿宮是空宮，有同陰相照。陽巨坐命寅宮的人，相照官祿宮的同陰居旺，只要努力還可能在事業上有一些發展。陽巨坐命申宮的人，相照官祿宮的同陰居陷，平凡過一生，有工作就有飯吃，也是不錯的了。最重要的是不能有煞星在官祿宮，或相照官祿宮，否則也只有飄蕩的事業、漂泊的人生了。

陽巨坐命的人最怕生在甲年，有太陽化忌入命宮。也怕生在丁年有巨門化忌入命宮，否則原本已不強的『命、財、官、遷』四宮，更添劫數。同時也不喜歡壬年生的人有武曲化忌在命格中，因為陽巨坐命的人，仍會擁有『武貪格』暴發運，會帶給他十二年一次的好運機會。倘若有武曲化忌，或是癸年生的人有貪狼化忌，就連這丁點的好運也給剝奪了，其人一生只有落在社會金字塔的底層社會了。

陽巨坐命的人，是無法形成『陽梁昌祿』格的，因此他們的學歷多半不高，若是逢大運、流年好一點的人，才可能有大學學歷，但最終還是運行在『機月同梁』的命程中，倘若不能悟出這層命運程序的人，終其一生是起起伏伏，工作斷斷續續，談不上事業運的。

武曲坐命的人

武曲坐命的人，命宮主星居廟，是正財星入命。他們對財富，金錢極具敏感力。武曲坐命的人，並不一定很會數鈔票，但絕對是個知道錢在哪個方位、位置，如何去賺到、拿到的人。

武曲財星和天府財庫星不同的地方，就是天府是紫微帝座的輔佐之臣，而武曲是獨成一派，自由自主的財神，它並不需要去輔佐別人，也不需要別的星來輔佐它。

相對的，有別的星依附它時，反而會把它的旺度拉低了。例如武破、武殺。它只有和天府財庫星在一起才可以匹配。

武曲坐命的人，性格堅強，獨立自主。他的遷移宮是貪狼居廟。命、遷兩宮對照而形成堅強極旺的『武貪格』暴發運型式。貪狼是好運星，又遇到財星，當然會暴發錢財無數了。同時貪狼也代表快速流動的機會與人緣。因此武曲坐命的人，速度都非常快，外緣也特別好。外面的世界就是富於快速變化、轉速很快的機會製造機。因此武曲坐命的人，一定要外出打拚，就可看到隨處可見的機會了。

武曲坐命者的財帛宮是廉貞、天相。非常奇怪的是：武曲坐命的人，似乎不必做什麼企劃，經營就可以自然安泰了。天相是勤勞的福星。天相居廟，金錢運很順利。丙年生的人，有廉貞化

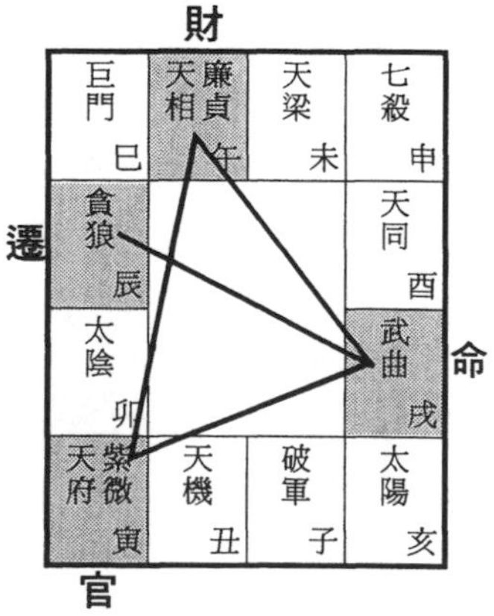

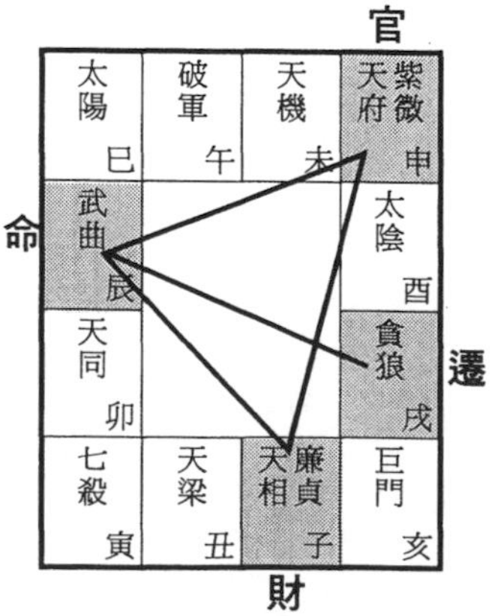

忌在財帛宮就不行了，會因金錢問題惹官非，金錢運也不順利。丙年生的人也會有擎羊在財帛宮或相照財帛宮，因此不吉。

武曲坐命的人的官祿宮是紫微、天府。這是一種因高職位，而得大財富的命格。並且紫府也代表優良的學習能力和規矩守份打拚上進的能力。

從『命、財、官、遷』四個宮位來看武曲坐命者的事業運，我們可以發現，在他們的命局中，財星與財庫星都存在於三合宮位中相互幫扶了。並且還有紫微這顆帝王星與天相這顆福星，又加上遷移宮中貪狼這顆好運星，真是所有的吉星都具備了。

如何創造事業運

通常武曲坐命的人，會從政、做軍警業界，和做生意。可以說是有文、武兩路的出入。一般來說，武曲坐命的人，不論做軍警，從商，事業運都是很好的。每隔六年一次的暴發運，都可把他們推上人生的高峰。武曲坐命的人，在命局中也很容易形成『陽梁昌祿』格。這更有助於職位的高陞。

武曲坐命的人，只要不是壬年生的人，有武曲化忌，癸年生的人，有貪狼化忌，和丙年生的人有廉貞化忌在財帛宮，一生的運程大致都是不錯了。而實際上武曲坐命的人，命格都是強勢的，尤其是己年生的人，有武曲化祿在命宮，貪狼化權在遷移宮，兩相對照，所引發極具有威力的暴發運，是無人可比擬的。前行政院長郝柏村先生就是己年生的武曲化祿坐命的人，因此可在軍旅生涯中官居要職，做政治人物也是命中注定的事情了。庚年生的人有武曲化權在命宮。戊年生的人有貪狼化祿在遷移宮，這些人都會是極具事業運的代表人物。甲年生的人，有武曲化科在命宮，做文職或做生意較好，因命局中有太陽化忌，在軍警和政治圈中的爭鬥中會受到男性社會人士的杯葛，事業運會打折扣，人生也會出現較不平順的事。

武曲坐命的人，有一半的人會因緣際會的做軍警職，也會有一半的人投入商場做生意。做生意時，是各種類型的生意都會做的。武曲坐命的人，對錢財有敏感能力，不管從文從武，其人在內心都會有一個算盤和吸金器，很能瞭解那一類的生意和事情會賺錢。會使自己發財，於是就會朝那個方向去努力。武曲坐命的人，又會利用暴發運來增加自己財富上的浩大聲勢。因此看起來是前途無量的。但是有暴發運的人，就必有暴起暴落的人生，就像目前香港特首董建華先生是武曲坐命的人，繼承父親董浩雲的世界級船隊之後，在八〇年代，恰逢暴落的運程，而到處尋求援助。前些時候擁有瑞聯航空、瑞聯建設的周啟瑞先生也是武曲坐命的人，也遇到跳票的危機。這些危機往往都存在於武曲坐命者的命運程式中，造成一生事業運像升降機般的快速活動。但是武曲坐命者是不必氣餒的，因為辰年和戌年就是兩個暴發點。很快就會有改變事業運，衝向高峰，與再次創造一生奇蹟的時候來臨了！

郝伯村先生命盤

父母宮 太陽 右弼 天馬 陀羅 已巳	福德宮 破軍 祿存 天姚 庚午	田宅宮 天機 文昌 文曲化忌 擎羊 辛未	官祿宮 紫微 天府 天鉞 壬申
命宮 武曲化祿 戊辰	陰男 木三局		僕役宮 太陰 左輔 癸酉
兄弟宮 天同 丁卯			遷移宮 貪狼化權 甲戌
夫妻宮 七殺 丙寅	子女宮 天梁化科 鈴星 丁丑	財帛宮 廉貞 天相 火星 天魁 丙子	疾厄宮 巨門 乙亥

武府坐命的人

武曲、天府坐命的人，是本命中有武曲財星和天府財庫星同坐命宮的人。並且武曲和天府同宮時，雙星都是居廟旺之位。因此可以知道他們對於金錢財富的敏感力是何其敏銳的了。

武府坐命的人，其遷移宮是七殺居旺，表示其人自身非常有財，而外面的環境都不好，反而比不上他自己有錢。而且外來的劫財也比較多。也可以說外面的資源反而是比不上他自己豐厚的。其財帛宮是廉貞居廟。代表要用腦筋策劃謀略而生的錢財。同時廉貞是官星，不是財星，因此金錢運並不會如同財星入坐的財帛宮的人那麼多。其官祿宮是紫微、天相。紫微是官星、天相都在得地之位，因此只是一片平順氣象，地位在中等以上的高度，而不會太高。

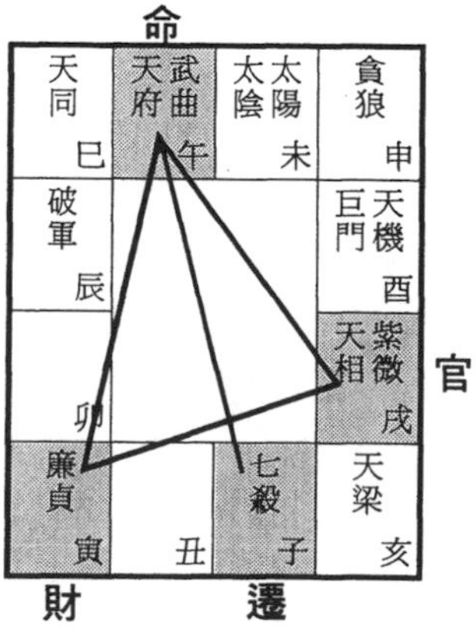

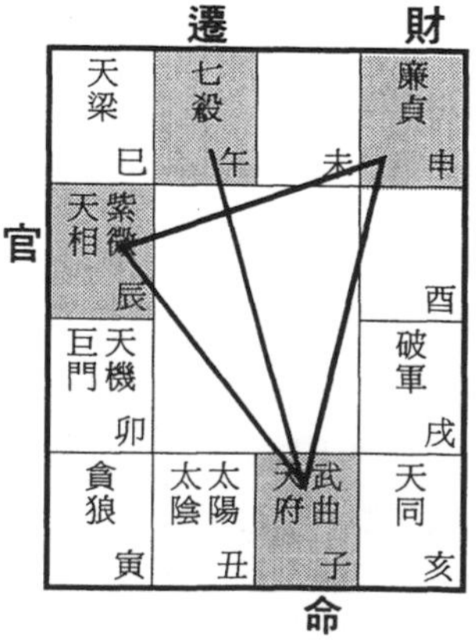

如何創造事業運

由『命、財、官、遷』四個宮位所代表的武府坐命者的事業運就是多半呈現平安享福的狀態、打拼的精神是不夠強的。由於自身的物質資源好，並不在乎要從外面得到什麼，只要稍微用一點腦子，萬事就可以擺平，因此也並不積極於事業運。

武府坐命的人，多半會做公職。或在大企業、大機構、金融機構中工作。就像王建煊先生就是武府坐命的人，而曾任過財政部長。因此做和錢有關的工作，或在金融機構工作，就是武府坐命人的特色了。

武府坐命的人，最好生在己年、庚年，有武曲化祿或武曲化權在命宮的人，也可能踏入政治圈。最怕是生在壬年，有武曲化忌在命宮，一生不順，只能做一個小職員了。也怕生在丙年有廉貞化忌在財帛宮，可能會因金錢問題而惹官非坐牢。

武府坐命的人，也可能會做軍警職，其實這也算是金職的一種。通常他們都會小有地位。他們在工作上有認真、負責、膽小、怕事的態度，因此一直是個乖乖牌。一生的運程也是在平順中慢慢增長的。

王建煊先生的命盤

兄弟宮 天同 祿存 鈴星 丁巳	命宮 武曲 天府 擎羊 文曲 戊午	父母宮 太陽 太陰化權 天鉞 己未	福德宮 貪狼化祿 文昌 台輔 庚申
夫妻宮 破軍 右弼化科 陀羅 丙辰	陽男 火六局		田宅宮 天機化忌 巨門 天空 辛酉
子女宮 火星 天刑 乙卯			官祿宮 紫微 天相 左輔 壬戌
財帛宮 廉貞 天馬 陰煞 甲寅	疾厄宮 天魁 地劫 乙丑	遷移宮 七殺 甲子	僕役宮 天梁 癸亥

武相坐命的人

武曲、天相坐命的人，是本命有武曲財星和天相福星同坐命宮的人。同時武曲財星只在得地剛合格之位，而天相福星卻是居廟位的，因此可見他們是愛享福較多一點，對財富方向的嗅覺是比不過武曲單星坐命的人的。武相坐命的人，非常注重衣食的享受，胖的人，注重吃，瘦一點的人注重穿著。因為天相居廟，故此命格的人多半較胖。

武相坐命者的遷移宮，都是破軍居得地之位。這是一種複雜的、雜亂的，需要時刻釐清是非、利益等關鑑性問題的環境。破軍也代表一種衝動的行動力。但是破軍在得地之位，行動力就不如居廟時那麼旺盛了。倘若有破軍化權，就會增加行動力了。

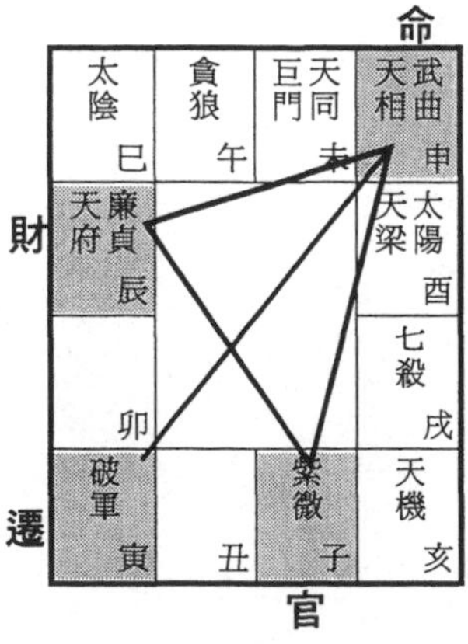

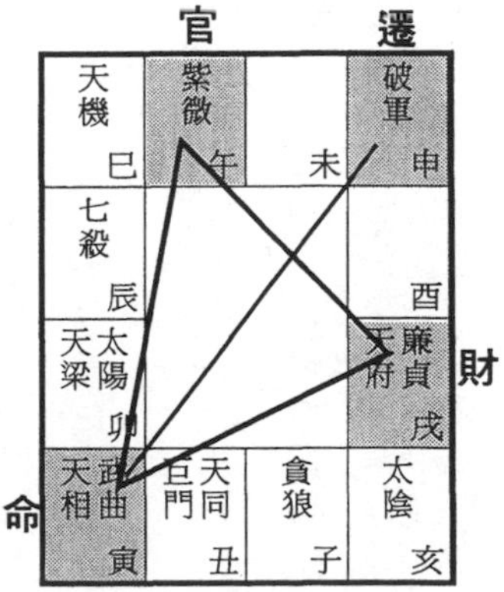

武相坐命者的財帛宮是廉貞、天府，這屬於平實守份，必須用智慧去賺錢，但廉貞居平，天府居廟，智慧企劃又不足，還是以儲存入庫的方式較保險的理財觀念在處理財務的事情。

如何創造事業運

武相坐命者的官祿宮是紫微星。命坐寅宮的人，紫微在午居廟，是具有較高事業運的人。而命坐申宮的人，紫微在子居平，事業運較次。官祿宮也是主掌學識、智慧以及學習能力的地方。有紫微星入座，並不見得有特等智慧的聰明度。但是具有強烈的理解能力與學習能力。因此他們的智慧會因學習能力較強，而高人一等。這一點也是人在一生中想要在事業上求發展所必須具備的條件。

縱觀武相坐命者的『命、財、官、遷』四個宮位。你會發現：武相坐命的人，是享福多一點，對錢財的理財能力只限於入庫的部份，向外開拓財源的企劃能力是較不足的。而他們最好是利用事業上，學識上的優勢，高人一等的力量來創造維持事業運。同時這樣才會有良好的金錢運，一生才能享到福。也就是說他們的一生幸福是寄託在事業運的好壞之上了。

武相坐命的人，在『命、財、官』三方照合中就有武曲、天府兩顆財星，和紫微、廉貞兩顆官星。因為財星的旺度旺一點，他們多半喜歡賺錢生財。

但是武相坐命的人，在命局中的父母宮有太陽、天梁，也很容易形成『陽梁昌祿』格，因此走官途也是不錯的選擇。乙年生有紫微化科在官祿宮的人，會做文職，做高級公務員，走官途。庚年生的人，有武曲化權的人，容易做軍警職，事業都會有很大的發展。己年生有武曲化祿在命宮，有貪狼化權相照官祿宮的人，做生意是高手，做衣食業是他們興趣所在。做軍警人員，也會發富。只有壬年生的武相坐命者比較奇怪。雖然他們的命宮中有武曲化忌和天相同宮，卻是一個性格頑固、怪異，享不到福的人。官祿宮中的紫微化權，會給他帶來高地位，因此一定要做武職（軍警業）才會有順利的人生。事業運也才會較好。倘若他們走錯路，去做生意，或做小職員，則一生受金錢之累。

武貪坐命的人

武曲、貪狼坐命的人，在本命中雙星都在廟旺之位。同時這也是財星與好運星同坐命宮的人。武貪坐命的人本命就坐在『武貪格』暴發運上，因此一生大起大落，氣勢雄偉。是一般人不能比擬的。尤其是生於己年的人，有武曲化祿、貪狼化權在命宮的人，不論是做軍警職、政治人物、或是股票投資者、經紀人，都是合於命程的事業，會有極大的成就和極高的事業運。丁年生有貪狼化祿在命宮，或是庚年生

如何創造事業運

有武曲化權在命宮的人，也同樣是必須走這兩種路途是最佳事業運的人生路途。

武貪坐命者的財帛宮是廉貞、破軍。武貪坐命者對錢財和權力雖然極具敏感力，又有企圖心和好運道。但是他們對於理財和儲存卻是不精此道的，而且是幾近笨拙的方式。也就是說他們只管賺錢卻不會花錢，往往過於衝動或思考不周詳、成熟，而產生破耗。所以武貪坐命者多半要靠親近的人來幫他理財、存錢。我就曾為一位武貪坐命的股市炒作手算過命，據他自己也說，雖然每日在他手中進出上億的錢財，但他卻不敢開立屬於自己的銀行戶頭。因為錢放在自己戶頭中容易跑掉。還是放在他妻子的戶頭中較為保險，可生財。

武貪坐命的人的官祿宮是紫微、七殺。這是一種須要用一些打拚、衝刺而可獲得高地位的事

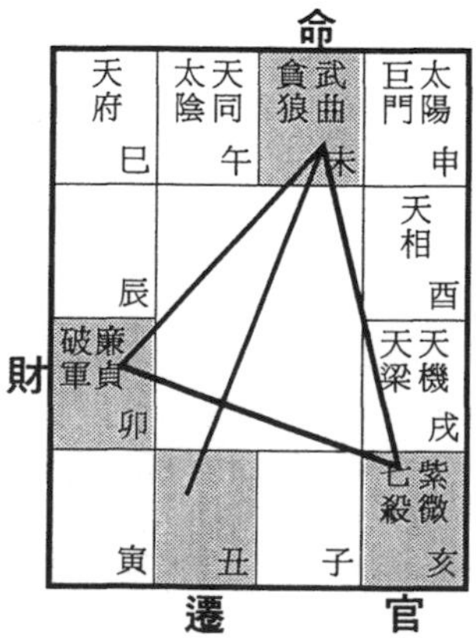

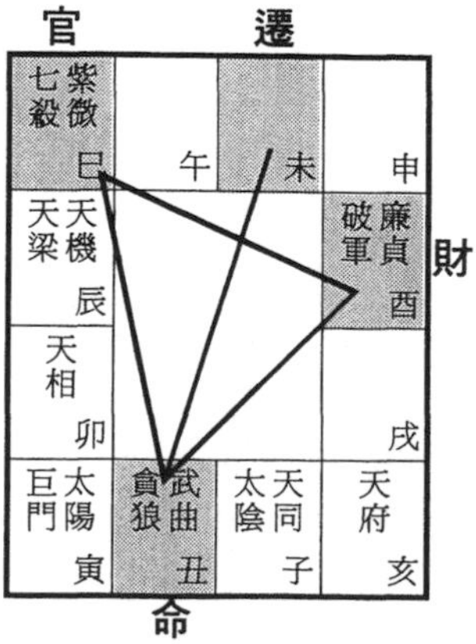

如何創造事業運

業運。七殺和紫微同宮時，只居平位，因此不會像七殺單星時那麼努力打拚，所以只要稍微有一點打拚就可以了。

武貪坐命者的遷移宮是空宮。若是昌、曲、左、右進入時，他一生所處的環境是較平和的環境（這是與武貪坐命的人做比較）。而遷移宮是擎羊、陀羅、火星、鈴星時，他一生都會處在競爭激烈的險惡環境之中，當然也會更激發他的鬥志與強勢要出人頭地的意念了。就像是蔣宋美齡女士就是武貪坐命的人，遷移宮就是擎羊。其意志力也是超人一等的了。通常有擎羊、陀羅在命宮或遷移宮中時，都常會做與軍警有關的事業。蔣宋美齡女士也是一樣，不但參與了二次世界大戰的工作，也創造了中國的空軍，從買飛機到成軍，與中國空軍的淵源很深。

從『命、財、官、遷』四個宮位來看武貪坐命的人的事業運。他們所能走的事業路途最強勢的就是軍警業和快速投資、快速回收的行業了，當然股票市場、期貨市場就是他們最常出現的地方。武貪坐命的人不適合做生意和做長久的買賣，都會有虧損狀況，當命宮中有羊陀出現時，也會有人做專業技術的工作，但成就不會太高。

命宮中有武曲化忌（壬年生的人）、貪狼化忌（癸年生的人），只有做普通的上班族，以專業技術來賺取薪水，是最保險的方式了。

※宋美齡女士命格中有由寅申相照的太陽、文昌，再加上『申、子、辰』三合宮位所形成的『陽梁昌祿』格，再加本命的『武貪格』和『機月同梁格』。故在她的命格中有三種格局，因此能主貴有事業發展。

蔣宋美齡女士的命盤

官祿宮 紫微 七殺 火星 陀羅 左輔 天馬 〈身宮〉 乙巳	僕役宮 文曲 祿存 紅鸞 丙午	遷移宮 擎羊 丁未	疾厄宮 文昌 戊申
田宅宮 天機化科 天梁 甲辰	陰女	1897年2月12日寅時	財帛宮 廉貞 破軍 天鉞 右弼 天空 己酉
福德宮 天相 癸卯	木三局		子女宮 天刑 庚戌
父母宮 太陽 巨門化忌 天姚 壬寅	命宮 武曲 貪狼 癸丑	兄弟宮 天同化權 太陰化祿 鈴星 陰煞 壬子	夫妻宮 天府 天魁 辛亥

武貪坐命的人，一生中最需要有一個可信賴的人，可以幫他們保存財富。上天給了他們一個財庫，可以來裝這些財富，那就是他們的配偶。武貪坐命者的夫妻宮是天府。配偶很會存錢、數鈔票，也很會斤斤計較，是一個很好的理財人員。但是命宮有擎羊、陀羅、化忌的人，或夫妻宮有上述星曜的人，並不會很相信配偶，因此常擔心害怕自己的錢財被配偶併吞，如此也會影響到事業運，而使事業做不大。所以他們的事業和財富，自然而然的比沒有這些現象的武貪坐命者為低了。

武殺坐命的人

武曲、七殺坐命的人，本命中武曲居平，七殺居旺。是財星被殺星壓制的命格。同時也是『因財被劫』，財星被殺星所劫財的命格。所以武殺坐命者一生較辛苦。努力打拚，但在錢財的獲得上較少。

武殺坐命者的遷移宮是天府。命坐卯宮的人，遷移宮的天府居旺，是一個大財庫。而命坐酉宮的人，遷移宮的天府在得地之位，只是一個中等形態的財庫而已。武殺坐命的人，本命中財太少，因此一定會向外發展去打拚賺取財富。也就是說他們一定要離鄉才會有發展。

如何創造事業運

武殺坐命者的財帛宮是廉貞、貪狼，雙星俱落陷。表示此人對金錢的敏感力，企劃經營的能力，與錢財的好運能力都很弱，是一個非常不好的金錢管理模式。武殺坐命的人，很不會理財，常有亂花錢，並且不知道錢在哪裡的困頓境況。他們與錢的緣份原本就低，再加上對錢運用的智慧也低，因此常常叫窮是顯而易見的事情了。

武殺坐命者的官祿宮是紫微、破軍，雙星都在廟旺之位。可見武殺坐命的人，還是要不停地做事，不停地衝鋒陷陣，才可得到高地位。

武殺坐命的人，在一生中是不要想多賺錢，而要以一生的精力多放在事業上，不停的打拚，自然就會有較平順富裕的人生了。

武殺坐命的人，其實和紫殺坐命的人一樣，都是必須做較勞苦的工作，或者是受過長期磨練的專業訓練，而且還要做一個領薪水的上班族，

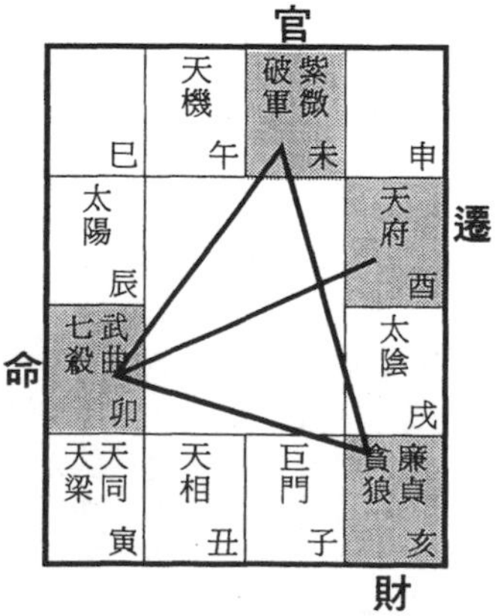

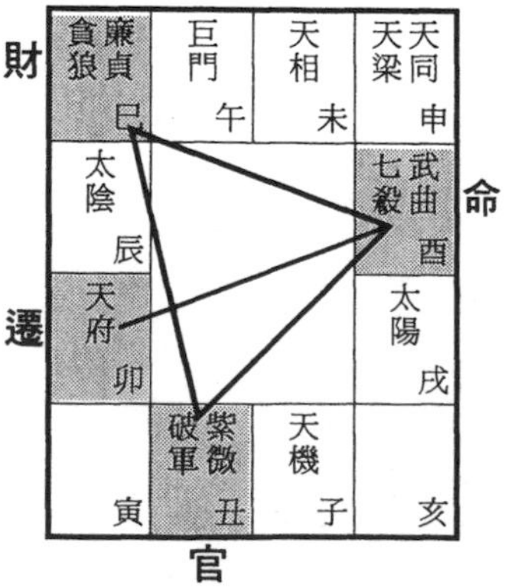

如何創造事業運

天天在努力打拚，才會有事業運的。武殺坐命的人各行各業都有，有做軍警職、記者、音樂家、做與五金有關的代工廠、鐵工廠、屠宰業等等，也有從事政治爭鬥的行業，但是都是非常辛苦的行業。前大陸領導人鄧小平先生就是武殺、擎羊坐命卯宮的人，一生中起起伏伏，黑暗時代長達數十年，是不是很辛苦呢？曾鬧過誹聞案的周玉蔻小姐也是武殺坐命的人。因白曉燕命案破案有功而升職的警局隊長侯永宜先生也是武殺坐命的人。

武殺坐命的人，本命局的『命、財、官』就坐在『殺、破、狼』格局上，因此一生的運程起伏很大，而命局中殺、破二星居旺，代表好運機會的貪狼又居陷，因此會努力打拚還是會有好的結果與高成就的。

武殺坐命的人最怕有武曲化忌（壬年生的人）在命宮，一生會為錢想不開，為錢拚命，因財持刀。也怕有貪狼化忌（癸年生的人）和廉貞化忌（丙年生的人）在財帛宮，那就再怎麼努力也賺不到自己所需的財富了，且會因為錢財的困乏挺而走險。當然若是有武曲化權（庚年生的人）或武曲化祿（己年生的人）在命宮中，對武殺坐命者的事業或人生還是有加分作用的。若在官祿宮中有破軍化祿（癸年生的人），因財帛宮有貪狼化忌，此種命格的人，只有從軍警職，才會平順。而甲年生的人，官祿宮有破軍化權，財帛宮有廉貞化祿的人，也是以軍警職為美的事業運了。

前大陸領導人鄧小平先生命盤

福德宮 天空 地劫 己巳	田宅宮 天機 庚午	官祿宮 紫微 破軍化權 天鉞 辛未	僕役宮 火星 天姚 壬申
父母宮 太陽化忌 文昌 天刑 鈴星 戊辰	陽男 火六局		遷移宮 天府 癸酉
命宮 武曲化科 七殺 擎羊 右弼 丁卯			疾厄宮 太陰 文曲 甲戌
兄弟宮 天同 天梁 祿存 丙寅	夫妻宮 天相 陀羅 天魁 丁丑	子女宮 巨門 台輔 陰煞 丙子	財帛宮 廉貞化祿 貪狼 左輔 乙亥

武破坐命的人

武曲、破軍坐命的人，命宮中的武曲、破軍都在平位，這只是比陷位略好一點的位置。在其人本命中對錢財沒有敏感力，破耗的本領倒是強一點，因為本命中缺財，破軍這顆煞星又蠢動的厲害。因此其人性格是十分衝動，而思慮不夠周詳的。遷移宮是天相在得地之位，只具有中等的福力，所以武破坐命的人仍是破耗很厲害的人。

武破坐命者的財帛宮是廉貞、七殺，廉貞居平，七殺居廟。這是一種只知埋頭苦幹，去打拚、去競爭而絲毫沒有金錢敏感力，也沒有對金錢有企劃等理財能力的主財方式。

武破坐命的人的官祿宮是紫微、貪狼。紫微居旺，貪狼居平。代表其人在事業運上的好運只有一丁點，是微乎其微的。但是由於長期的不計

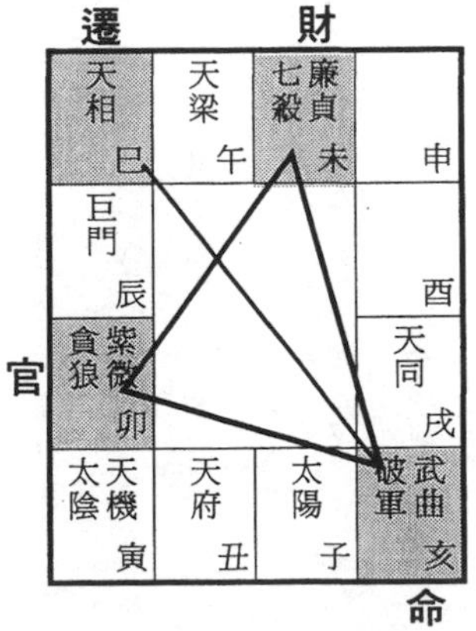

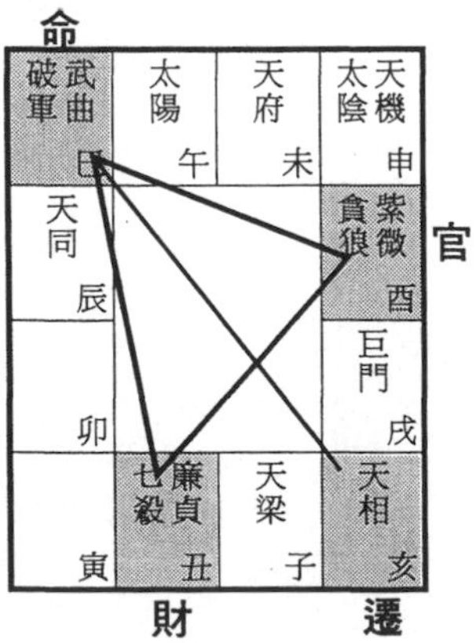

較利益而打拚奮鬥，也可以做到較高的官職職位。

從『命、財、官、遷』四個宮位來看武破坐命者的事業運。因為『命、財、官』都坐在『殺、破、狼』格局之上，其人一生也是非常坎坷，而事業運的變化都很大。並且『命、財、官』有『殺、破、狼』的兇險程度，最是做軍警人員的材料了。這樣得到官位也會比較順利一點。

武破坐命的人，賺錢很辛苦。倘若不做軍警職而走到別的行業中，會更形辛苦。倘若他們跑去做生意，那便是自找苦吃，只有賠錢的份了。一生的事業運也根本不會有起色。

如何創造事業運

武破坐命的人，命宮坐於亥宮，會有祿存在命宮中，壬年生的人，又會有武曲化忌在命宮，這會造成奇特的人生，但是在多災多難之後，能有一些小財富的享受。並且在官祿宮中有紫微化權，此命格的人，同時也是『羊陀夾忌』惡格的擁有者。大運、流年、流月三重逢合時，會有性命之憂的危險。

本命中有武曲化權（庚年生的人）在命宮的人，已年生有武曲化祿在命宮的人，甲年生有破軍化權，武曲化科在命宮的人，當然都會對事業運有強烈的輔助作用，但也是以做軍警職為佳的事業運。癸年生有破軍化權在命宮的人，但是會有貪狼化忌在官祿宮，一生的事業運就很難有大發展了。

張學良的命盤

命宮	父母宮	福德宮	田宅宮
武曲 破軍 天福 〈身宮〉 癸巳	太陽化權 天魁 台輔 甲午	天府 左輔 右弼 乙未	天機 太陰 陀羅 陰煞 丙申
兄弟宮 天同 文曲化科 天姚 壬辰	陰男		**官祿宮** 紫微 貪狼 祿存 丁酉
夫妻宮 火星 辛卯	水二局		**僕移宮** 巨門化祿 擎羊 文昌化忌 鈴星 戊戌
子女宮 天鉞 封誥 庚寅	**財帛宮** 廉貞 七殺 辛丑	**疾厄宮** 天梁 天刑 庚子	**遷移宮** 天相 天空 地劫 乙亥

※張學良先生的命格中有子、午宮相照的陽梁和寅、午、戌三合宮位中的陽、昌、祿所形成的『陽梁昌祿』格，在卯、酉宮又形成『火貪格』，再加上申、子、辰三合宮位的『機月同梁』格，共月三種格局在命格中，故能風雲際會，成為時代人物。

武破坐命的人，最好的出入就是做軍警職，也會有一部份人做情報人員，否則也會在兇惡艱困的環境中賺錢。因此只有做軍警職的人才可能有較大的事業運。西安事變的主角人物張學良先生就是武破坐命的人。我們可由他的命盤中看到他在走『火貪格』暴發運，二十八歲就做到將軍的地位，繼承父業。在三十二歲以後的大運就走到空宮（寅宮）、廉殺等不好的運程中，而被軟禁起來，失去了事業，人生的起伏可說是太大了。

天同坐命的人

天同單星坐命的人，也因命宮位置不同而有六種不同坐命的命格。如天同坐命卯宮、天同坐命酉宮、天同坐命辰宮、天同坐命戌宮、天同坐命巳宮、天同坐命亥宮的人。

天命坐命卯宮和酉宮的人，命宮中的主星天同都是居於平位的。天同是福星，旺度弱一點，但仍是有福力，愛享福的，只是不如天同居旺的人享福的力道那麼強罷了。他的遷移宮是太陰星。天同坐命的人很溫和、寬厚、懶散。當遷移宮是太陰星時，其人外在的環境也是溫和多情的環境。天同坐命卯宮的人，遷移宮中的太陰居旺，因此是個人緣、資源都很豐富的環境，終其一生都受和善的對待。天同坐命酉宮的人，遷移宮的太陰居陷，環境就差了一點，人緣和資源都較困乏。

天同坐命卯、酉宮的人，財帛宮都是巨門居旺。巨門不是財星，不主財。巨門是主口才、是非、爭鬥的星。因此在賺錢和理財的時候，還是得用一些頭腦去競爭一下。而天同坐命的人，天生不愛競爭，因此只有在是非混亂的環境中，靠機緣，或運用人緣關係，或是用乖巧的言語來得到一些可養活自己的錢財了。

天同坐命卯、酉宮的人的官祿宮是天機陷落。可以說由『命、遷、官』三個宮位就包含了『機月同梁』格的三顆主星了。因此一生運程就是在走『機月同梁』格。是必須要做薪水階級的上班族的工作的了。但是官祿宮為天機陷落，一生的

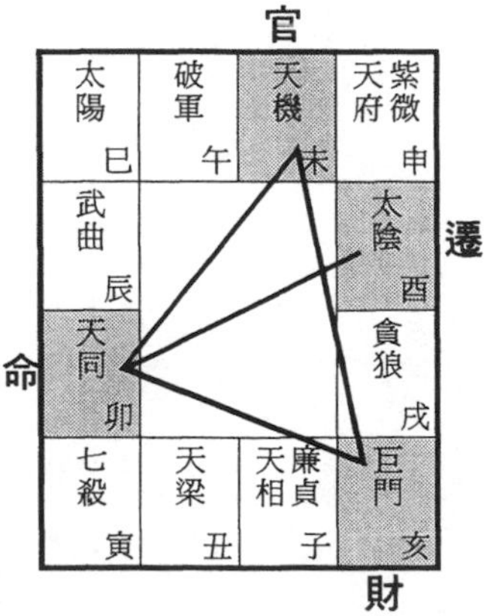

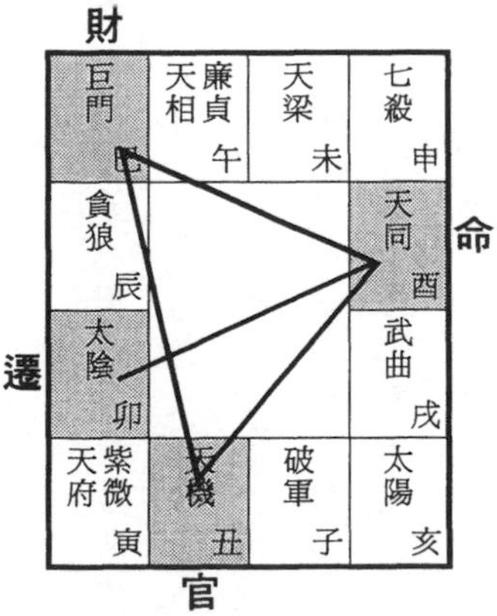

事業不會太有聲有色，只不過是一個小職員的角色而已。

天同坐命卯、酉宮的人，在命局中太陽與天梁形成三合狀態，因此只要時間生得好，也會具有『陽梁昌祿』格，這樣就會增高其人的學歷，一生中也可增高其人的事業運了。並且天同坐命卯、酉宮的人，在命格中還有『武貪格』暴發運，這也是可以幫助他們事業增高的原動力。但是天同坐命卯、酉宮的人，比較溫和、重情、人也慵懶，不太肯打拚，事業宮是天機落陷，代表思想、智慧都不夠聰明、機靈，因此多半不會應用這些有利於自己的條件，自然沒有事業運可言了。

天同坐命辰、戌宮的人，天同也居平，是福力不夠深厚的人。他的遷移宮是巨門落陷，外在的環境又極端險惡了，是非爭鬥多，這時候天同坐命的人，是想懶惰

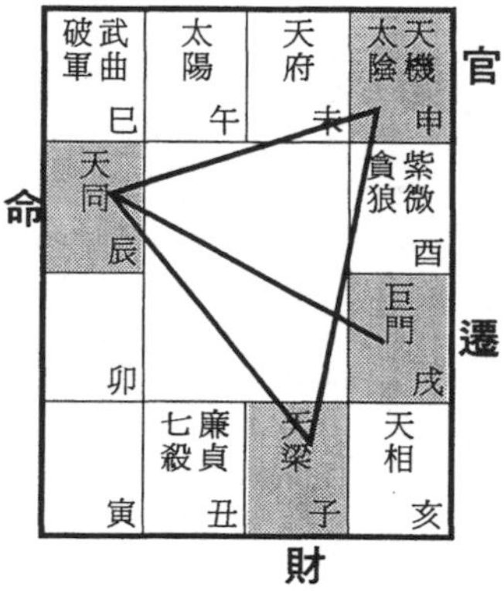

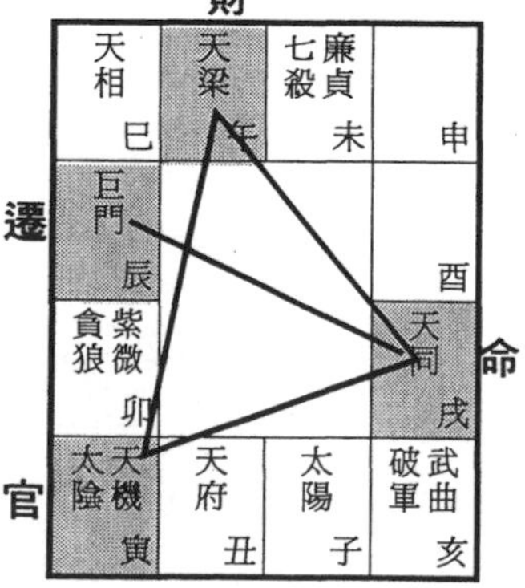

如何創造事業運

都懶惰不成了。他們因為自小家境窮困，因此始終停留在必須競爭打拚的環境中。

天同坐命辰、戌宮的人，其財帛宮是天梁居廟，天梁是貴人星，也是名譽之星，天梁雖不主財，但是會得到貴人幫助而生財，也會因得到名聲而賺到錢財，因此出名也是賺錢之本了。倘若此命格的人，在命局中又能形成『陽梁昌祿』格，那就是以學術名聲大噪而得到財富的跡象。

天同坐命辰、戌宮的人，其官祿宮是天機、太陰。因此『命、財、官』形成『機月同梁』良好的三合宮位，這正是固定領薪的上班族的正牌命格。

天同坐命戌宮的人，官祿宮中的太陰居旺，在事業中得財較多。而天同坐命辰宮的人，官祿宮中的太陰居平，從事業中得財較少。官祿宮是機陰的人，和機陰坐命的人一樣，若再有桃花星同宮，或命、財、還等宮有多個桃花星相照的人，容易走進演藝圈做演員。就像演員藝人白冰冰小姐就是天同坐命戌宮的人。同樣也是『命、財、官、還』四個宮位組合而成她現在事業運。也因此天同坐命辰、戌宮的人，若要寄旺事業、財富有發展，就要有名，而且要像上班族一樣，天天上班，和有固定的工作才行。

白冰冰女士的命盤

疾厄宮 天相 丁巳	財帛宮 天梁 戊午	子女宮 廉貞 七殺 己未	夫妻宮 庚申
遷移宮 巨門化權 酉辰			兄弟宮 辛酉
僕役宮 紫微 貪狼化忌 乙卯	水二局		命　宮 天同 壬戌
官祿宮 天機 太陰化科 甲寅	田宅宮 天府 擎羊 乙丑	福德宮 太陽 祿存 甲子	父母宮 武曲 破軍化祿 陀羅 癸亥

天同坐命巳、亥宮的人，命宮是居廟位的，因此他們因為福星坐命，而福力深厚，但是這樣會造成他們有大部份的人都是懶惰的狀態，不但奮發力不足，太溫和不想競爭的思想，也會影響事業運。

天同坐命巳、亥宮的人，以丁年生的人，命宮中有天同化權的人最有事業心，丙年生的人有天同化祿在命宮，有天機化權在官祿宮，事業運也不錯。通常天同居旺坐命的人，性格溫和不太表示意見，但命宮中有化權星的人和遷移宮中有天梁居陷，而又有化權相照命宮（乙年生的人），就特別的頑固和有主見了。

天同坐命巳、亥宮的人，遷移宮是天梁陷落。他們雖多半有很好的父母宮，但是仍是處於無法受到良好照顧的環境之中，他們和六親的關係，除了和朋友好一點以外，在家中是不和的狀況。

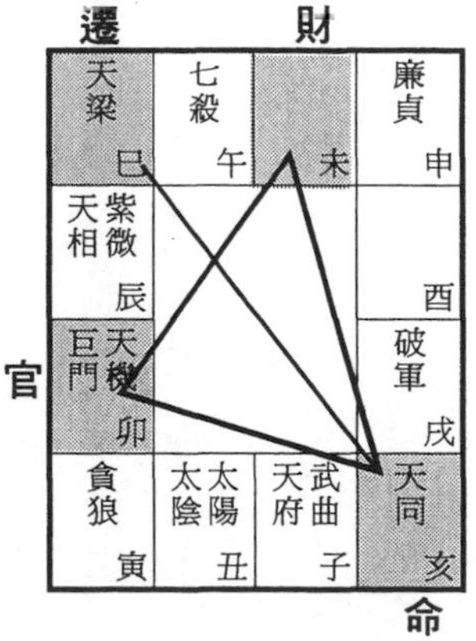

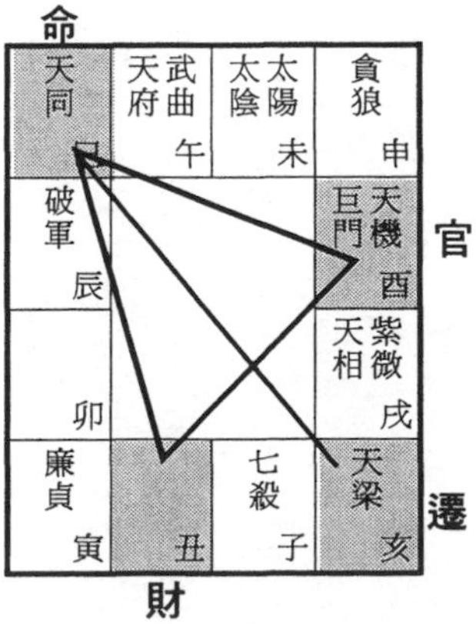

就連夫妻的緣份也不深。

天同坐命巳、亥宮的人，其財帛宮是空宮，有太陽、太陰相照。命坐亥宮的人，財帛宮由相照過來的太陰居廟，太陽居陷。因此錢財稍為富裕一點。命坐巳宮的人，相照財帛宮的太陽居旺，太陰居陷，太陽不主財，因此財的成份少，只能過平順夠用的生活，手邊的錢財常陰晴不定了。這個命格的金錢運，其實都常是陰晴不定的，除非有化祿和祿存在財帛宮出現才可能穩定。倘若財帛宮有羊、陀、劫空，或有化忌星相照時（不論是太陽化忌相照或是太陰化忌相照）財帛宮，這個人一生的財運都不順利。

如何創造事業運

天同坐命巳、亥宮的人，其官祿宮是天機巨門。代表其人有一定的智慧，也會學得一技之長，而用專業知識在工作。事業運裡是充滿著無限的變化和競爭暗鬥的狀況。但是由於官祿宮的機巨雙星都在廟旺之位。這種變化和競爭都是非常好的變化。同時也是可以用專業知識來掌握的變化。

從『命、財、官、還』四個宮位來看天同坐命巳、亥宮的人的事業運，其實非常簡單的就可找出在他們命局中的兩個格局出來。譬如說他們是以『機月同梁』格為主，而以『陽梁昌祿』格為輔的命理格局。天同坐命的人，都是以『機月同梁』格為一生事業動向的命格。必須有固定薪水的職業，才能穩定生活和事業運。倘若在『夫、遷、福』這一組三合宮位中有文昌及祿星（化祿和祿存）出現的話，就形成完整的『陽梁昌祿』格。這樣在自身的學識修為上會增進，在工作職位上，社會地位上也會提升，因此他們是更需要有『陽梁昌祿』格的。

如何創造事業運

天同坐命巳、亥宮的人，通常都會做教書的職業、公司職員、郵局、公家機關、或醫院中工作。我在亥年為人算命時遇到一位『天同坐命亥宮』的人，他從事貿易工作，常奔波於世界各國。二十八歲時開始行好運，到三十六歲走『鈴貪格』暴發運而大富，從此一帆風順。他說：『非常奇怪的是，往往和外國人做過幾筆生意之後，對方就要和他合夥，願意把公司一半的股權讓給他，有些人根本是把一半的股權送給他。這樣的事常發生，現在他已經擁有一百四十幾個公司在世界各國的大城市之中了。最先的時候，是一個外國公司發生了問題，他前往解決，結果和對方公司的負責人相談得很愉快，因此對方主動邀請他，並給他乾股。從他入股後公司便賺了大錢，大家都很高興。接著加拿大、法國、義大利等地的貿易夥伴也邀他入股或送股份給他。他也陸續在很多國家買了房子，隨時作為落腳之處。他說：『錢已經太多了，不想再去想錢的事。』他這次是為婚姻煩惱，而想解決婚姻的問題。他已經結過三次婚，因為常在世界各地奔走，很快的就會與妻子感情冷淡，目前正是冷淡期而想離婚。

如何創造事業運

天同坐命的人，一向對錢財的敏感度不高，凡事也不喜歡競爭、計較，因此往往自己就放棄了很多的機會。這是非常可惜的事情。所以天同坐命的人，一定要把握走對人生的方向，事業運才會好。

我們現在來看這位先生奇妙的事業運。本來從大致的命盤中似乎沒有什麼新奇的地方。但是若是仔細看，你就會發覺這位先生的『命、財、官、遷』四個宮位中很少有煞星存在。財帛宮雖是空宮，但有太陽化權和廟旺的太陰相照。並且太陽化權和廟旺的太陰在福德宮中，這是對金錢之事產生主控力，並暗中旺盛聚財的現象，同時這也是本命中就可以享用到的財富。他的官祿宮是天機居旺和巨門化祿。這表示事業在多變與是非中而得利，同時這也是利用專業技術而致力的事業運。天同坐命的人外表長相端正祥和，很有人緣、親和力，再加上本性平和，讓人沒有戒心而相信他。命坐亥宮，是四馬之宮，主奔波驛動，遷移宮有陷落的天梁相照，又能激發其上進心和打拚勞碌的意願。『夫、遷、福』形成『陽梁祿』，雖然文昌不在三合位上，仍然有助於他從第一流的大學畢業。外語能力強，由官祿宮就可看出此人的智慧很高。也懂得把握機會。再加上田宅宮的『鈴貪格』暴發運。這也是事業運中最高格調，三種格局皆具備的命格。最後還要談到他的身宮在財帛宮，喜歡賺錢、愛錢，就是他努力打拚的原動力。所以說此人的事業運如何能不好呢？

某先生 命盤

遷移宮 天梁 左輔 癸巳	疾厄宮 七殺 文昌化忌 甲午	財帛宮 〈身〉 乙未	子女宮 廉貞 文曲化科 陀羅 丙申
僕役宮 紫微 天相 壬辰	陰男 木三局		夫妻宮 祿存 右弼 丁酉
官祿宮 天機 巨門化祿 辛卯			兄弟宮 破軍 擎羊 戊戌
田宅宮 貪狼 鈴星 庚寅	福德宮 太陽化權 太陰 辛丑	父母宮 武曲 天府 庚子	命宮 天同 巳亥

同陰坐命的人

天同、太陰坐命的人，是福星與財星同坐命宮的人。同陰居子坐命時，雙星皆在廟旺之位，是真正能享福，而本命中也有錢的人。同陰居午坐命時，雙星居平陷之位，本命中財少，福星也無力為福。不過其人還是外表斯文，有柔態（女兒態）之人。

同陰坐命者的遷移宮是空宮，若有昌曲、左右進入，其人會更斯文，並且有涵養，也會往文職發展。倘若有擎羊、火、鈴進入，則會有陰險狡詐的性格，以從武職（軍警業）為佳。同時他們的個子也會較矮小。

同陰坐命的人，其財帛宮也是空宮，有陽巨相照。這是一種大而化之，時而挑剔，惹是非，但對金錢沒有敏感力和理財能力的金錢運。而同

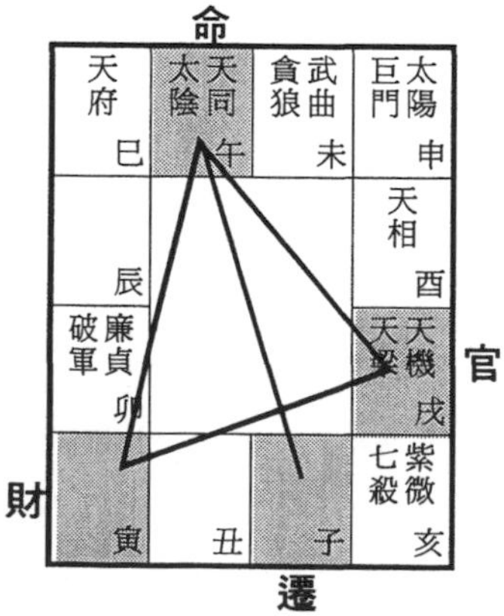

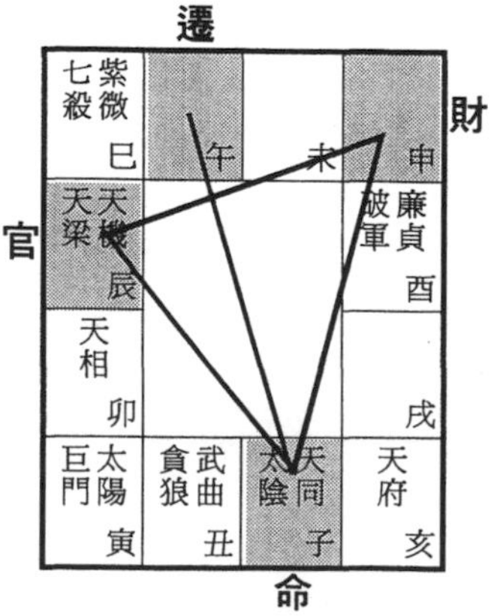

陰坐命子宮的人，因相照的太陽和巨門都在廟旺之位，經過一番口舌爭論，或是以口才的本領，也能得到一點利益。

同陰坐命者的官祿宮是天機、天梁。天機居平，天梁居廟。這表示同陰坐命者只能以老實的、規矩的態度去一步一步的往上爬，沒有捷徑可走，事業中所從事的內容不主財，因此也不能做生意，若要投機取巧想多賺錢，必有是非災禍和賠錢的問題。

如何創造事業運

同陰坐命的人，由命宮和官祿宮就形成『機月同梁』格了，因此必定是個固定領薪的上班族人士。在他們的命運中，除了壬年生的人有武曲化忌和癸年生的人有貪狼化忌之外，都差不多有『武貪格』暴發運。可多增人生中事業高境界的攀升。他們若能在『夫、官、財、福』四個宮位中出現文昌和化祿、祿存，也可具有『陽梁昌祿』格。這樣也可增高事業及人生的層次。

通常同陰坐命的人，人生中都比較是靜態的、主文職的。很多人會從教書職、在校園、醫院中工作。也會做中醫師、西醫、藝術類、書畫類的工作。也可能在政府機構做文官、事務官。倘若是坐命午宮為空宮，有擎星入宮，而同陰在子宮相照命宮的人，基本上在外貌仍具有同陰坐命者的外型，而其人臉型下巴尖圓，體型較一般同陰坐命者矮小，這種人是『馬頭帶箭』格的人。他們俱有暗藏不露的性格，多思多慮，很有計謀，一般人認為他們比較陰險。會從事鬥爭性強烈的工作。前司法部長城仲模就是『馬頭帶箭格』的人。所從事的行業也正如其命格所顯示的一樣。

同陰坐命的人最喜歡丙、丁、戊、己年生的人了。丙年生的人有天同化祿在命宮，有天機化權在官祿宮，事業運不錯，可做到巒高的職位。一生平安享福，財祿不錯，但會有擎羊星在午宮，不論是擎羊居於命宮或遷移宮，都是比較勞碌的。丁年生的人有太陰化祿，天同化權在命宮，又有天機化科在官祿宮，事業運算很不錯的了，是高於其他同陰坐命的人，但有巨門化忌在福德宮，一生多招是非，也是勞碌的命格。戊年、己年生的人會以財富為目標來努力。戊年生的人有太陰化權在命宮，對儲存錢財有強烈的主導權，在他們的『武貪格』中有貪狼化祿，來增加暴發運中的財祿。但是因為官祿宮中有天機化忌。事業的發展並不順利，升官的機會總是容易受到騷擾，因此他們會把注意力放到求財方面去。己年生的人，因『武貪格』中有武曲化祿，貪狼化權，暴發運很強勢。因此也會影響到他們一生的命運，此年生的人也因為有祿存在午宮出現，對本命的富貴也有增強的作用。算是不錯的事業運。

同陰坐命的人通常都是愛享福的，不論命宮中天同福星的旺弱，都有這個傾向，只是可享到福的多寡問題。因此也可以講同陰坐命的人是比較怕事的，怕沾惹麻煩的，因此他們的打拚奮鬥的精神不會像七殺、破軍坐命的人那麼強，也不會做太困難的工作。他們的工作形態和事業運，也一直處在溫和的、波浪起伏較小的層次中，所以事業運也可以說是循序漸進的方式了。

同梁坐命的人

天同、天梁坐命的人是福星和貴人星同坐命宮的人。但是坐命寅宮的人，天同居平，天梁居廟，表示本命中福星的福力少一點，比較勤快，而貴人運的助力較大一些。命坐申宮的人，天同居旺，天梁居陷。因此福星所帶來的福力深厚，而貴人

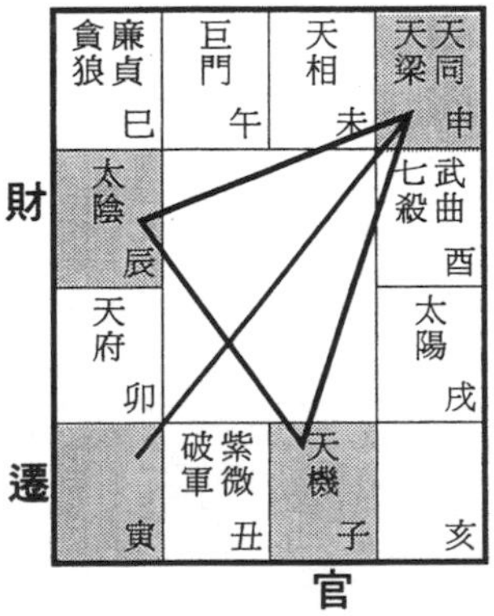

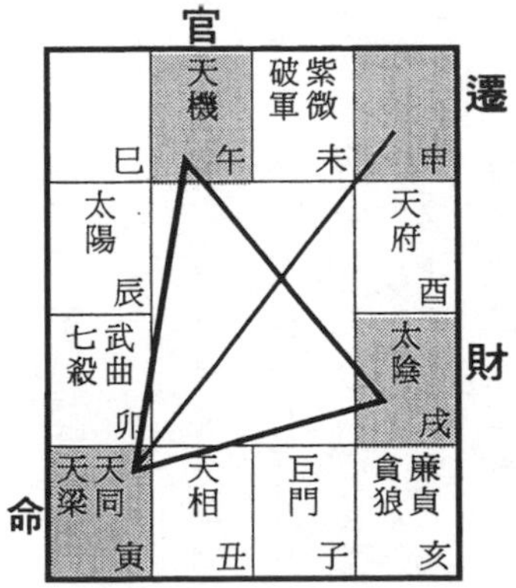

運缺乏，此人較懶惰，愛享福。因此從命宮中所代表本人對事業運的意願上，就已表現出差異出來。

同梁坐命者的遷移宮是空宮，因此外在環境的好壞，完全取決於同梁坐命者自己的性格所致。命坐寅宮的人，勞碌一點，有貴人、長輩的愛護、幫助。外緣較好，而命坐申宮的人，愛享福、較懶，不得貴人、長輩的喜愛、幫助，他自己也無所謂。

同梁坐命者的財帛宮是太陰星。同梁坐命寅宮的人，財帛宮的太陰居旺。這是一種暗暗地生財的模式。同時也代表女性的、文職的、與錢財、金融、土地有關的行業會讓他得到財富。這個財帛宮是極富裕的財帛宮。手邊可運用的錢財也很多。同梁坐命申宮的人，其財帛宮的太陰是居陷的，因此財少。對錢財的敏感度也低、理財能力更差。

同梁坐命者的官祿宮是天機居廟。這是一種具有高度智慧，又很能適應環境做變化而選擇事業形態的事業運。他們在工作中充滿了工作內容的快速變化，以及工作環境快速移動的變化，還有高度隨機應變的能力等等。因此同梁坐命的人，不止在溫和的外表下，人緣好，機智高超，做事的能力也很強。

由『命、財、官、遷』來看同梁坐命者的事業運，無庸置疑的就是『機月同梁』格。因此做公職、固定領薪的薪水族是必然的事了。

如何創造事業運

大部份同梁坐命的人，很溫和、很會交際，做服務業、仲介業、房地產業都是非常好的。有一些同梁坐命的人也會做軍警業，他們在工作環境中多半是好好先生，特別會不辭辛勞的為人服務。也有同梁坐命的人會投入演藝圈，這必須『命、財、官、遷』都有數顆桃花星來入宮或相照，形成人緣桃花的格局才行。他們一輩子在外奔波的時間多，對朋友付出的比對家庭付出的較多。

同梁坐命的人，乙年生的人有天梁化權在命宮，有天機化祿在官祿宮，但是有太陰化忌在財帛宮，也會有陀羅入命或相照命宮，他們是特別固執的人，而且一定要幫別人工作，錢財才能順利。丙年生的人，有天同化祿在命宮，有天機化權在官祿宮，倘若是命坐寅宮的人，官祿宮會有擎羊星，此人以做武職，或政治人物為佳，工作形態為激烈爭鬥的形態。另外己年生的人，會有天梁化科在命宮，命坐寅宮的人，會有祿存在官祿，也是不錯的事業運，可做演藝工作。丁年生有天同化權在命宮，有太陰化祿在財帛宮，有天機化科在官祿宮。祿、權、科全到齊了，又在三合宮位相互照守，這是同梁坐命最好的命格。這其中還是要以命坐寅宮的人擁有最高、最佳的事業運。因為此時官祿宮有天機化科和祿存同坐官祿宮，從事業上可得到的利益真是特別大了。可是還有美中不足的事是夫妻宮有巨門化忌，也會相照官祿宮。怎麼樣來阻擋巨門化忌對事業運的傷害，這就要靠他們自己去斟酌了。

總之，同梁坐命的人，做生意還是不佳的，財運會變化多端，還是幫別人做，拿固定薪水是最牢靠的。

同巨坐命的人

天同、巨門坐命的人，本命中天同、巨門雙星俱陷落。這是福星與暗星同坐命宮的人。並且福星落陷，暗星也落陷。此人一生是愛享受但又享不到福，是非口舌、爭鬥終身纏繞的人，同時也是懶惰有餘，智慧不高，又喜歡耍小聰明的投機份子。

同巨坐命者的遷移宮是空宮，財帛宮也是空宮，而官祿宮有天機陷落。在本命

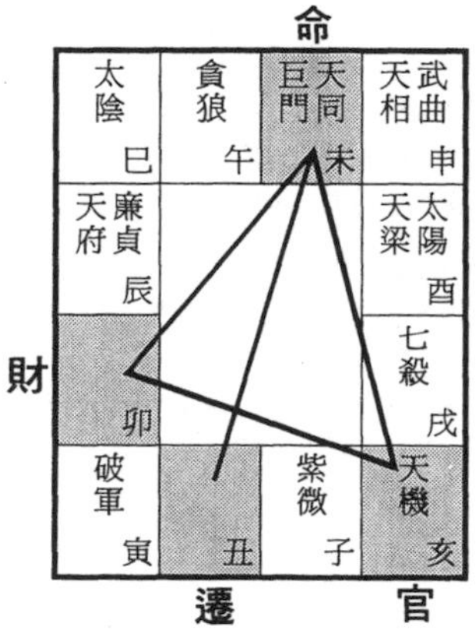

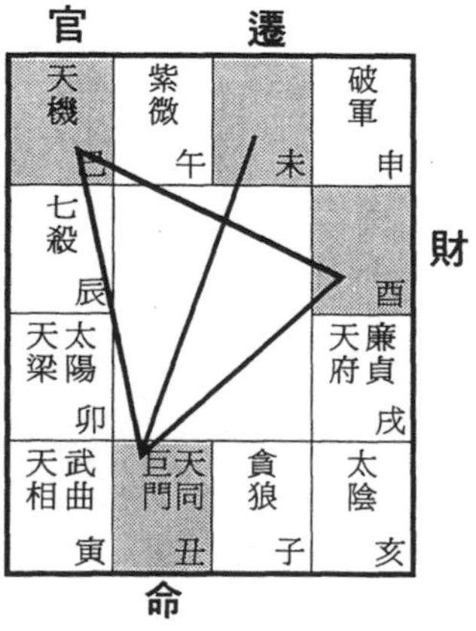

擎天支柱的『命、財、官、遷』四宮中，就有兩個宮位是空宮，而代表聰明才智、事業基礎、事業走向的官祿宮又有天機陷落時，這樣的『命、財、官、遷』真是夠瞧的了！倘若那兩個空宮中進入昌、曲、左、右，也不會有太好的分別。若進入羊陀、火、鈴，就更差了。同巨坐命的人根本沒有事業，因此無法談事業運。即使在年輕的時候偶爾有工作，也做不長，他們一生都是靠人過活，配偶和父母就是他們依賴的來源。

倘若同巨坐命的人，在財帛宮進入文昌星，或者是在福德宮進入文昌星，而和福德宮原有的太陽、天梁形成『陽梁昌祿』格，那他也只不過是學歷稍高一點的人，仍是沒有事業的無用之人。

與同巨坐命有點像的『明珠出海格』，在『命、財、官、遷』四宮完全和同巨坐命的人不一樣，因此事業運是同巨坐命者無法比擬的，請讀者不要弄錯攪亂了。

『明珠出海』格：

必須坐命未宮是空宮，有同巨在對宮（遷移宮），而有左輔、右弼相夾未宮或丑宮，再有文昌、文曲、天魁、天鉞進入空宮，稱做『明珠出海』格。其他的則不是。

其實，命坐未宮為空宮，有文昌、文曲、天魁、天鉞進入空宮中時，原本就應該稱做文昌坐命的人或文曲坐命的人，或天魁坐命的人，或天鉞坐命的人，因為同巨只是在遷移宮內。同巨代表的是外在環境是表面平靜、實際上是暗潮洶湧、是非很多的惡質環境。

從實際狀況先來講，倘若是有文昌、文曲同坐命未宮的人，必生於卯時。天魁星不會居未宮。若有天鉞居未坐命，就必須生在甲年和戊年。因為此命格的人，財帛宮有太陽、天梁、因此甲年有太陽化忌而不吉。故而只有戊年生的人，為合格。

有左輔、右弼相夾未宮的人，必須生於三月，而有左輔、右弼相夾丑宮的人，必須生於九月，才可能相夾。

因此要具有『明珠出海』格的人，必須生於戊年、三月、卯時和戊年、九月、卯時生的人才行。

從具有『明珠出海格』的命盤中，我們可很清楚的看到，實際上他是文昌、文曲、天鉞同坐命宮的人，外表斯文，俊美。而命宮中的文昌在未宮居平，文曲卻居旺。因此是屬於口才好的人，也精通音律、才藝方面的特長，並且也是個很喜歡炫耀的人。此命格的財帛宮是太陽、天梁，反而不主財，是以名聲大好及官運為主，而得的錢財。而此命格的官祿宮是太陰化權。而正坐亥宮居廟。命、財、官幾乎都是居旺、居廟的吉星，這樣的命格才正好符合命書上『財官雙美』的真正含意。

『明珠出海』格的命盤

戊年・三月・卯時生

夫妻宮	兄弟宮	命宮	父母宮
天機化忌 祿存 丁巳	紫微 左輔 擎羊 戊午	文昌 文曲 天鉞 己未	破軍 右弼化科 庚申
子女宮 七殺 陀羅 丙辰	火六局		福德宮 辛酉
財帛宮 太陽 天梁 乙卯			田宅宮 廉貞 天府 壬戌
疾厄宮 武曲 天相 甲寅	遷移宮 天同 巨門 乙丑	僕役宮 貪狼化祿 甲子	官祿宮 太陰化權 癸亥

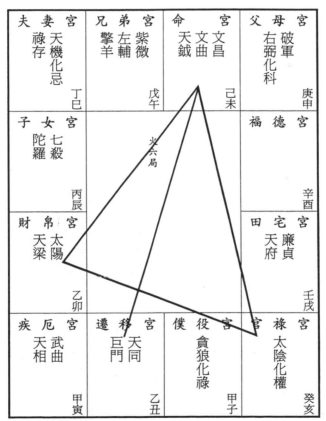

『明珠出海格』的命格，實際也是由『陽梁昌祿』格發展而來的。具有如此命格的人，會具備高學歷、做公職、進入官途，做文官。雖然他們的外在環境不佳，有同巨在遷移宮，但是還是有貴人會從旁扶助他們，官運是不錯的。只是一生中六親不和，而且昌曲坐命的人壽命都不長，只有六、七十歲的壽元而已。

『明珠出海』格的命盤

戊年・九月・卯時生

夫妻宮 天機化忌 祿存 丁巳	兄弟宮 紫微 擎羊 戊午	命宮 文昌 文曲 天鉞 己未	父母宮 破軍 庚申
子女宮 七殺 陀羅 丙辰	火六局		福德宮 辛酉
財帛宮 太陽 天梁 乙卯			田宅宮 廉貞 天府 壬戌
疾厄宮 武曲 天相 右弼化科 甲寅	遷移宮 天同 巨門 乙丑	僕役宮 貪狼化祿 左輔 甲子	官祿宮 太陰化權 癸亥

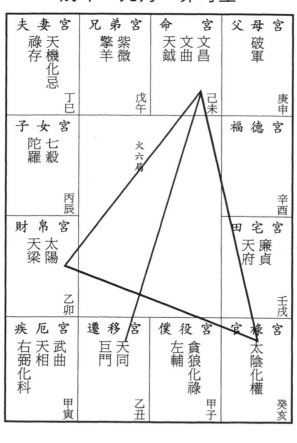

廉貞坐命的人

廉貞單星坐命的人，是居廟位的。廉貞又稱囚星，主掌官職與權位，亦屬官星。因此廉貞坐命的人，是特別愛爭權奪利的了。

廉貞坐命的人精於策劃和計謀，更喜歡與人私下溝通或做一些暗盤勾當。以期控制局面而掌握權力及主控權。

廉貞坐命者的遷移宮是貪狼居平位。這代表快速變化的一種人際關係。也就是和人初見面，印象還可以，但是無法深交。其實廉貞坐命的人都有一個很大的隱憂，就是有些人和男人處不好，在男人社會中競爭力差。而另一些人呢？則是和女性處不好，在女性團體中競爭力差，不容易得到支持和認同。我們可以發現到他們的僕役宮中有太陽、太陰。廉貞坐命寅宮的人，是太陽居旺、

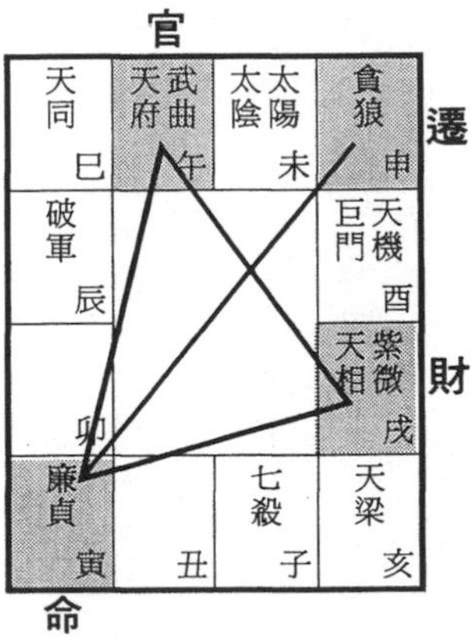

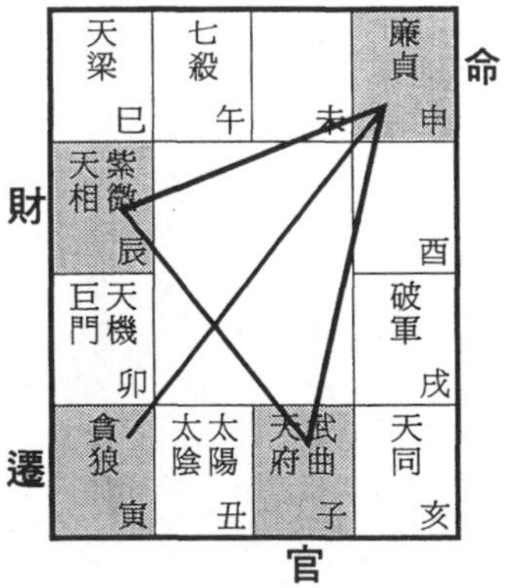

如何創造事業運

太陰落陷，和女人處不好的人。廉貞坐命申宮的人，有太陽落陷、太陰居廟，是在男人社會中競爭力較差的人。

廉貞坐命的人的財帛宮是紫微、天相，紫相都居得地之位。這是一種平順的，以勤勞的方式換取的、中等的金錢運。外表看起來蠻富足的。實際上也並不是最富有的人。紫微、天相皆不主財。紫微是帝王星，天相是福星，這兩星相遇在財帛宮，只代表求財和對金錢的態度是高高在上的，講求格調的，憑藉努力勤勞而享受福力所帶來的錢財。而且這種錢財，多半是經由職位、官位和事業有聯帶關係而來的錢財。

廉貞坐命者的官祿宮是武曲、天府。財星和庫星一同出現在官祿宮中，勢必會因事業而帶來大財富。同時我們也會發現一件很有趣的事，在代表智慧、才能、學習能力和事業內容、成果的官祿宮，居然有財星、庫星入位，且居廟旺，這到底是什麼意思呢？武府在官祿宮出現，武曲代表財力和政治力量，以及對一切資源聚集支配的強勢主導力量。天府代表精明的計算能力和計較方式。這兩顆星都屬正派的星曜，因此在人的事業宮位中是對人有正面幫助的極大衝力的。廉貞坐命的人有武曲、天府這兩顆星在官祿宮中，也就更會致力於對自己有利的人生成就了。

廉貞坐命的人，命格中也很容易形成『陽梁昌祿』格。在『父、子、僕』一組的三合宮位中有文昌、祿星進入時，就會形成。這也是可增進他們的事業成就的主要原因。

縱觀廉貞坐命者『命、財、官、遷』四個宮位，你會發現四個宮位中的星都是不錯的吉星，而且旺度也很高。只有遷移宮中代表好運的貪狼星弱一點，也就是好運機會差一點，只要努力奮鬥打拼，都會有極佳的事業成就的。二千年總統大選中就有兩位總統候選人是廉貞坐命的人。一位是宋楚瑜先生。一位是新黨所推出的李敖先生。由此可見廉貞坐命的人正是政治權利的愛好者是一點也不假的了。

廉貞坐命的人，最怕生在丙年，有廉貞化忌在命宮，此年生的人，命坐寅宮的人，也會有擎羊在官祿宮，命坐申宮的人，會有陀羅在財帛，此年生的人，會因工作上的問題和金錢上的問題而惹官非，有坐牢之虞。壬年生的人，有紫微化權在財帛宮，有天梁化祿形成『陽梁昌祿』格。但是有武曲化忌在官祿宮中，必須歷經千辛萬苦，才能有所成就。倘若是命坐申宮的人，會有武曲化忌、天府和擎羊星同在事業宮，也因此事業的曲折和艱辛是倍於常人的。所幸廉貞坐命的人都有堅定的意志力和刻苦耐勞的精神，可以克服它。

※武曲是財星，屬金，武曲化忌坐於子宮（屬北方，屬水），因金水有相生之意，故其災禍的發生率和不順會比武曲化忌坐於午宮的人為小。午宮屬離，屬火，屬

南方，金遇火則熔，故遇凶更凶。

廉貞坐命的人，通常會做與政治有關的公職，會做軍警業。也會在大公司機構中做與財務有關的管理層級的職位。也會在一些建築類、工程類做專業經理人的職務，也會做律師、法官和法律有關的事業。他們會具有某些專業技巧，而能在職務上得到財富。通常他們都會把事業擴張得很大。但是仍必須要注意流年、大運的運勢起伏，以防事業運的不測與弱運。

廉府坐命的人

廉貞、天府坐命的人，是廉貞囚星與天府廉星同坐命宮的人。此時廉貞居平位，天府居廟位。同時也表示財庫被囚禁起來了，因此其人較小氣、吝嗇。

因此廉府坐命的人，都是對別人吝嗇節儉，對自己較大方，愛享受之人。廉貞居平在命宮，代表智慧，才能以及策劃能力不足，也不喜歡多用大腦想事情，他們只會把心思放在對自己有利的地方。必須要負責任，要擔當的問題，就讓別人去做吧！

廉府坐命的人，遷移宮是七殺，周圍的環境並不好，總是有許多人虎視眈眈的

如何創造事業運

在與他對峙。外面的環境殺氣重重，對他的要求也很多，使他原本是自得其樂的人，也不得不拚了老命來努力，加入爭鬥的行列。

廉府坐命的人，看起來沈默，好像很陰沈，其實是因為廉貞居平，企劃與智慧都不足，他們深知自已的缺點，因此以沈默少語來藏拙。所幸的是，廉府坐命的人，僕役宮是陽梁，朋友宮很好，有屬下為他出主意，又有長輩照顧他，『命、財、官』也都不錯，而得以一切順利，可有極佳的事業運。

廉府坐命者的財帛宮是紫微。命坐戌宮的人，紫微居廟。命坐辰宮的人紫微居平。因此一生在手邊可運用的財富上，還是以坐命戌宮的人最佳，福祿最雄厚。

廉府坐命者的官祿宮是武曲、天相，武曲在得地剛合格之位，天相在廟位，這是以平順

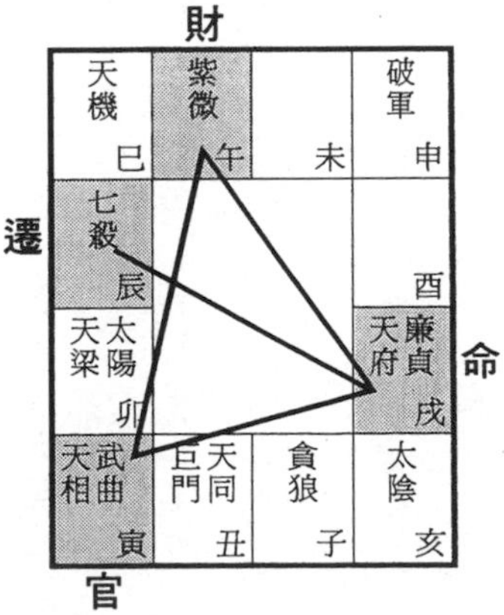

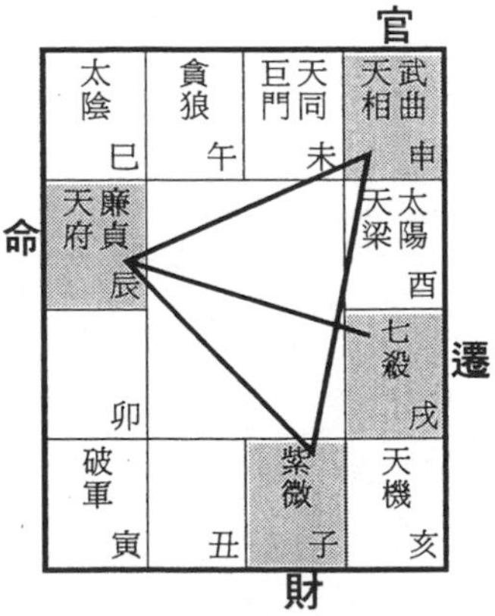

安祥為主的公務員資歷的事業運為主軸。做政府的公務員、官途、與政治有關的勤務人員、軍警職、與金融機關有關的職員、銀行行員等工作。

廉府坐命的人有官運，可從他的『命、財、官、遷』四個宮位看出來。紫微、廉貞是官星，天府、武曲是財星、天相是福星。官、財、福聚於一身，實則就是福祿聚於一身，但是疾厄宮由於是天機陷落，『壽』是不足的。

廉府坐命的人，最怕是丙年生的人，有廉貞化忌在命宮，頭腦昏庸，智力更差，又會自作聰明，人云亦云。也怕是壬年生的人，有武曲化忌在官祿宮，阻礙一生事業的發展，會有不順利的狀況。甲年生的人，有廉貞化祿在命宮，比較愛享福，專注於藝術品的搜集，喜歡精神上的享受。因為又有太陽化忌在僕役宮，在男性社會不順利，間接也影響事業運不高。

廉府坐命的人，最具代表性的人物，就是副總統連戰先生。

連戰先生 命盤

疾厄宮 天機化權 祿存 癸巳	財帛宮 紫微 擎羊 甲午	子女宮 天姚 乙未	夫妻宮 破軍 丙申
遷移宮 七殺 陀羅 右弼 台輔 壬辰			兄弟宮 鈴星 天鉞 地劫 丁酉
僕役宮 太陽 天梁 辛卯	木三局		命宮 廉貞化忌 天府 左輔 戊戌
官祿宮 武曲 天相 天馬 陰煞 庚寅	田宅宮 天同化祿 巨門 天空 辛丑	福德宮 貪狼 文昌 火星 庚子	父母宮 太陰 天魁 己亥

廉相坐命的人

廉貞、天相坐命的人，實則是囚星與福星同坐命宮的人。廉貞居平，天相居廟。因此是福星被囚星看管起來了，所以一生是以平順為主，並且是小心翼翼，不敢犯錯的人。又因為廉貞是居於平位的，企劃與思考能力並不佳，故而總是很靜的躲在人後，等別人先發表意見，從而附合。所以他們給人的一般印象都很靜。這和廉府坐命的人有相同的性格。廉相坐命者的遷移宮是破軍。這是一種雜亂的、競爭性強，需要衝鋒陷陣去爭取的環境。在競爭的環境中，廉相坐命的人既是參與爭鬥的破壞者，又同時是復建者的身份，他們會用自己天性中的勤勞和羅輯規劃的本領來復建，利用環境中被破壞的部份，來適應他自已來利用。

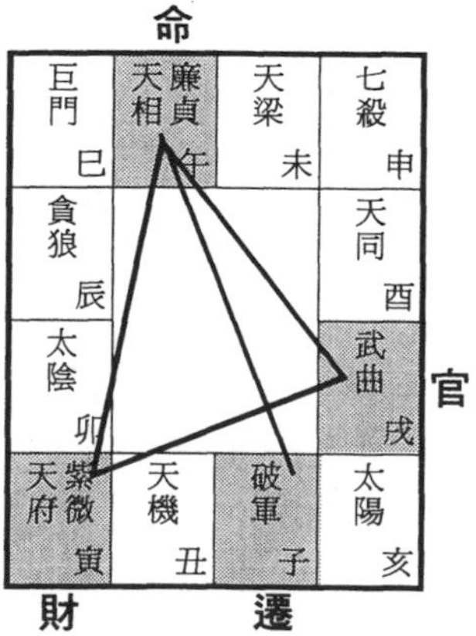

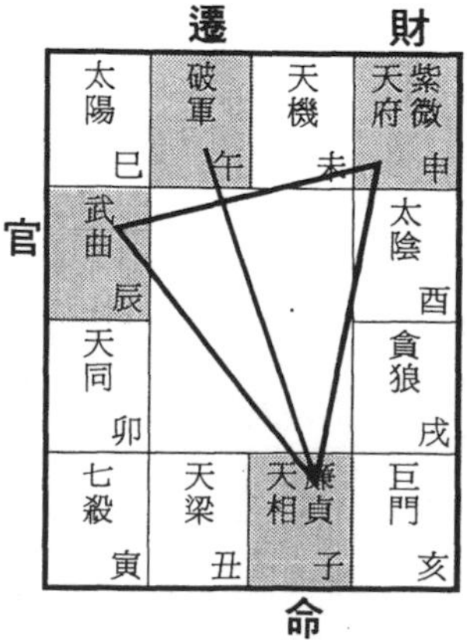

廉相坐命者的財帛宮是紫微、天府。雙星皆居廟旺之位。表示他一生手邊可運用的錢財多不勝數，並且很具有理財能力，對錢財很會儲存，而且是只進不出，很具有吸金的能力。在錢財的運用上是斤斤計較的。

廉相坐命者的官祿宮是武曲居廟。武曲是財星，也是武將。也代表政治。因此在政治界、軍警業、金融業都是最能見到廉相坐命者的地方。同樣的，事業中高位的職務也會給他們帶來很大的財利。

如何創造事業運

『命、財、官、遷』四個宮位就可看出廉相坐命的人對錢財的主導能力很強。財星、庫星都居旺在財、官兩宮，對錢來源的敏感力很強，在用錢方式的主導力上也同樣是很強的。並且在命、財二宮有官星紫微和廉貞。倘若事業運要好，在『命、財、官、遷』中，必定要有官星和財星，而且最好都是居旺的。倘若有居陷居平較弱的官星和財星出現，就會在事業運中產生層次上的差別了。

※事業運中最主要的成份就是工作的層級、地位和權力，這些包括在官星所掌握的範圍之內。而事業工作不能不生財，沒有財運的工作，事業運是不完整的。就算是做慈善事業，要做得好，『命、財、官、遷』中也必須有財星居旺，財的輸出才會好，才會有財可施。因此在『命、財、官、遷』中有財星和官星是事業運最重要的基礎了。

廉相坐命的人，最怕丙年所生的人，會有廉貞化忌在命宮，也怕壬年生的人，有武曲化忌在官祿宮，但是壬年的人也會有紫微化權在財帛宮，有這種命格的人，最好以文職為主。官祿宮中的武曲化忌阻礙了他對金錢和政治的敏感力，反而會因為這兩項缺點成為人生中或事業上的致命殺傷力。因此不可做與金錢、政治有關的事業。就連做軍警業也是不行的。因為軍警職也與政治鬥爭有關連，屬於政治鬥爭一系列的職業。

廉相坐命的人，容易形成『陽梁昌祿』格，也會有『武貪格』暴發運（除了壬年生的人有武曲化忌，癸年生的人有貪狼化忌，失去了暴發運之外）在一生的命格中，因此可以成為事業成就很高的人。最普通的人，至少也可做到銀行金融業中的課長一職。有『陽梁昌祿』格的人，學識會增高，在官運上更是一帆風順，成為有地位的高階主管是不成問題的事情。

廉殺坐命的人

廉貞、七殺坐命的人是囚星與殺星同坐命宮的人，而廉貞居平，殺星居廟，表示殺星雖被囚，仍是兇性不改的，同時也是囚不住的。

如何創造事業運

廉殺坐命的人，也是性格較靜、少話的人，很會埋頭苦幹、吃苦耐勞。這是因為七殺星居廟的緣故，只要『命、財、官、遷』的煞星不多，他們就會因為自身的努力和苦幹而成功。

廉殺坐命者的遷移宮是天府居廟位。表示他們一生所處的環境就是一個十分守規矩、一板一眼、自給自足、很計較、很節儉的生活環境。他們的財帛宮是紫微、貪狼。紫微是居旺的，貪狼在平位。在金錢運上，廉殺坐命的人，好運機會有一點，但多半的機會，還是靠長輩或高階的人所賜與金錢力量。廉殺坐命者的官祿宮是武曲、破軍。二星皆在平陷之位。表示在事業上的打拚力量仍是不足，既得不到好的、優厚的待遇，而且破耗很多。也得不到好的地位。事業運是不高的。

從『命、財、官、遷』來看廉殺坐命者的事

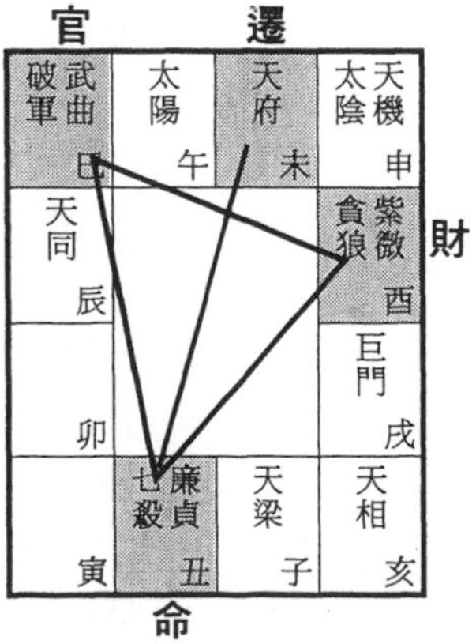

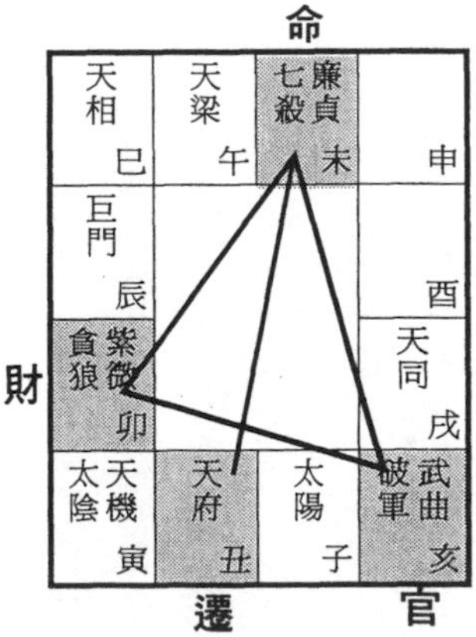

如何創造事業運

業運。屬於官星的紫微和廉貞居於『命、財』二宮。廉貞居平、智慧及做事業的才能並不是很強。但是紫微在財帛宮，此命格的人，對於金錢的熱愛和致力是不遺餘力的。通常他們把賺取錢財（薪水）就當作做事業。因此什麼苦都肯吃，什麼苦差事都肯幹，也並不計較地位和待遇問題。只要工作有得做，知道有固定的薪水可領就好了。這也是他們在事業中無法得到高地位的原因。

廉殺坐命的人，必須具有『陽梁昌祿』格的人，才會有較高等的職位和事業。倘若命盤中再有『火貪格』、『鈴貪格』，更可以輔助事業上的發揮力量，成就高一點。

廉殺坐命的人在『命、財、官、遷』四個宮位中，只有紫微和天府最居旺的，其他的星，不是財星和運星居平陷能力有限，就是屬於煞星（七殺、破軍），因此一生的命運和事業都是以儲存為主。但是破耗，刑剋較多，事業運是很不順的，而且較低微。

廉殺坐命的人，通常適合做較勞苦，辛苦的工作。例如軍警業，尤其是命、財、官、還有擎羊、陀羅、火星、鈴星的人，通常會走這條人生的道路。否則他們也會做與政治有關的行業中助手的工作。倘若是做文職的工作，就會賺錢少，又辛苦了。若是想做生意，那是不行的。因為官祿宮有武破，必有破耗敗局。

廉殺坐命的人，多半有家產，或多或少有一點。甲年生的人有祿存在父母宮，又有廉貞化祿在命宮的人，是家產多一點的人。會繼承家中產業，或在家中幫忙工作，戊年生的人也是因為有家財，而有富裕環境的人。

廉殺坐命者最怕壬年生有武曲化忌在官祿宮，或是癸年生也貪狼化忌在財帛宮，以及丙年生有廉貞化忌在命宮的人，一生會有是非困擾、不順發生，也可能根本就談不上事業運了。

廉破坐命的人

廉貞、破軍坐命的人，廉貞居平、破軍居陷。同時也是囚星和耗星同坐命宮。這種命格的人是略有一點點的小智慧，但企劃能不足，智謀不高，而破耗、衝動卻很強盛的人。廉貞、破軍都屬煞星，煞星落陷，其兇性可知。因此他們都是性格強悍，從不會接受別人意見的人。

廉破坐命者的遷移宮也是天相居陷，福星居陷，因此福力也消失了。一生的環境就屬於動盪之中。並且『命、財、官』三方都坐於『殺、破、狼』格居之上，也就是說事業運就屬於動盪的格局了，也屬於兇悍、激烈競爭的格局。

如何創造事業運

廉破坐命者的財帛宮是紫微、七殺。紫微居旺、七殺居平。這代表他們在賺錢上，對金錢的敏感力是不足的，並且七殺居平，對賺錢努力的程度也不夠賣力。只是用一種高高在上的方式，用權力壓制的方式而得到金錢。這也是說他們對於賺錢的手法上，並不高明，也並不瞭解如何去賺錢，很可能他們只是用等待機會的方式來夢想自然獲得。

廉破坐命者的官祿宮是武曲、貪狼。雙星居廟，武貪雙星在官祿宮中，代表以強悍的態度獲得好運機會而得錢財。同時這也是『武貪格』暴發運的正格。因此廉破坐命的人想要一生過得好，過得富足，有強勢的事業，便一切寄託在事業運中了。

由『命、財、官、遷』四個宮位來看廉破坐命的事業運。你會發覺這種命格的人真是很特殊

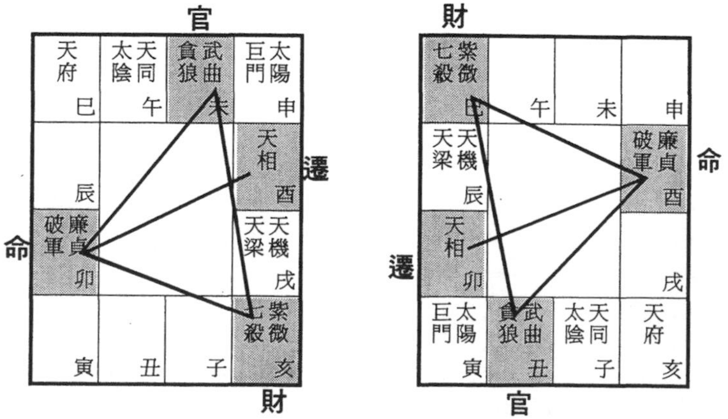

如何創造事業運

的。在『命、財、官、遷』中就有四個星可列於煞星之列，如廉貞、破軍、七殺、貪狼。（貪狼主禍福，慾望，驛馬也為運星）其中三個都在平陷之位。而財、官二宮中的紫微、武曲、位置不對。紫微在財帛宮，武曲財星卻在官祿宮，如此一來，所代表的意義全改變了。紫微在財帛宮中，只不過平順罷了，不需要花太大的力氣就有錢收。這樣的財運豈不是『機月同梁』格的薪水族人士的財運了嗎？正是！廉破坐命的人，命盤格局中正是『機月同梁』格。只有領固定薪水的工作，才能財運平順。官祿宮的武曲、貪狼代表與政治有關、軍警有關的行業，才能讓他們有暴發的能力，也才能有好的事業運。

廉破坐命的人，做軍警業是最合適的了。其次是做爭鬥性強的，與政治相關的行業，有暴起大好的事業運。形勢會很強。像立法委員林瑞圖和大陸總理朱鎔基都是廉破坐命的人。他們有冒險犯難不怕死的精神，活躍於險惡的政治圈中是適得所的。廉破坐命的人不可做文職和行商，一生運程不順，根本會沒有事業運。就連做小生意的廉破坐命者，都會是兩袖清風，苦哈哈的人。因為他們根本對文職和金錢不熟悉，隔行如隔山，對錢沒有敏感力，不知如何賺到錢？也不懂理財、投資、亂下本錢，而功虧一匱。並且還頑固不服輸，一而再，再而三的做傻瓜，真會讓人稱奇。這就是在他們個性中顢頇自大的一面，並且上多次當，也不會學乖的。看到這種人，我們也只能搖頭嘆息了。

大陸朱鎔基先生的命盤

財帛宮 紫微 七殺 祿存 火星 丁巳	子女宮 擎羊 戊午	夫妻宮 文昌 文曲 天鉞 己未	兄弟宮 天空 庚申
疾厄宮 天機化忌 天梁 陀羅 丙辰	火六局		命宮 廉貞 破軍 台輔 天姚 辛酉
遷移宮 天相 乙卯			父母宮 陰煞 壬戌
僕役宮 太陽 巨門 右弼化科 地劫 甲寅	官祿宮 武曲 貪狼化祿 鈴星 天魁 〈身宮〉 乙丑	田宅宮 天同 太陰化權 左輔 甲子	福德宮 天府 癸亥

廉破坐命的人，本命中就有耗星，因此破耗多。如果再有廉貞化忌（丙年生）在命宮裡，思想固執扭曲得更嚴重，已非善類，而是走邪路的惡徒，當然沒有事業運，若是壬年生有武曲化忌在官祿宮，癸年生的人有貪狼化忌在官祿宮，事業運都是波折重重，沒有發展的狀況。縱然癸年生的人有破軍化祿在命宮，則可能因固執而在職務上發生錯誤而誤了一生。

廉貪坐命的人

廉貞、貪狼坐命的人，是囚星與運星同坐命宮的人。也就是好運被囚禁起來了。廉貪雙星同宮時為俱陷落的位置。廉貞也屬於官星，居陷是沒有官運的。廉貞居陷同時也代表沒有智慧、謀略、和策劃能力。貪狼居陷，當然一生也沒有好的運氣了。他的遷移宮是空宮，沒有主星，也代表此人的外在環境是由此人本身的性格所造成的。倘若有文昌、文曲在巳宮出現，則其人會有還不錯的外表形貌，但有政事顛倒、頭腦不清、愛自作聰明、命犯桃花的狀況。倘若有文曲在亥宮居旺，也是會具有邪淫的性格。有文昌在亥宮居平，其人舉止是潑辣，不夠斯文，頭腦混濁之人。倘若有廉貞化忌（丙年生的人）或貪狼化忌（癸年生的人），當然更是頭腦不清，人緣不好，人見人厭了。倘若有陀羅在巳、亥宮出現，此人就會比較笨。若有火、鈴在巳、亥宮出現，其人會有小小的暴發運。

廉貪坐命者的財帛宮是紫微、破軍。這是一種需要努力拚命去爭鬥攫取，才能夠平順的金錢運。他的官祿宮是武曲、七殺。武曲財星居平、七殺居旺，表示在工作上必須不停的付出勞力才能夠得到少許的金錢財利。並且在屬於政治的地位中，位階是較低的層次。

從廉貪坐命者的『命、財、官、遷』四個宮位來看事業運，廉貪坐命的人，命坐巳、亥四馬宮，是動盪厲害的宮位。在命、財宮就有四煞當道，（廉、貪、殺、破為四煞）其中殺、破是居旺的，廉貪居陷，可見本命很兇悍，而代表人緣、好、運權力的廉貞、貪狼又居陷位，因此連這些好處也失去了。紫微星居於財帛宮時，只能使金

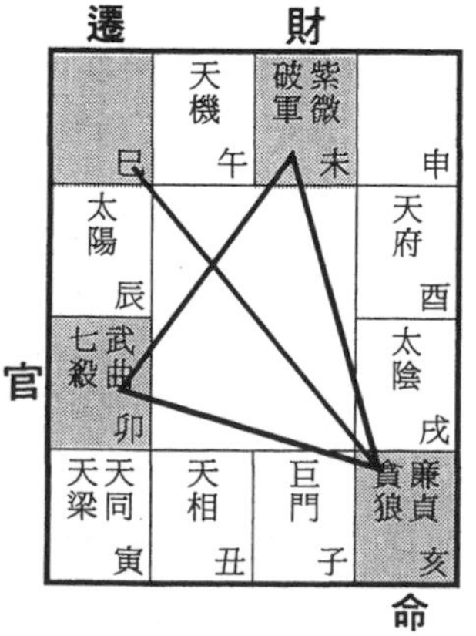

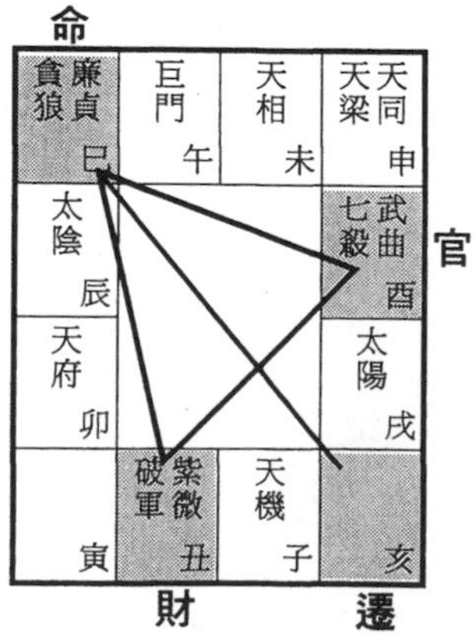

錢運稍為安撫祥順一點，同時也顯示出一個玄機出來。就是倘若能拚命的爭鬥、努力的話，財運才會好。在『命、財、官、遷』四宮中只有武曲一個財星，還是居平陷位的，當然在財祿方面是沒法子多獲得的。而且武曲財星還不在財宮，而在官祿宮，只能代表地位不高的意思了。

廉貪坐命的人，以從軍警職為最佳行業。否則也是與軍警有連帶關係的行業，例如保全業、法院執法人員、監獄管理員，一般的管理員等等。女性的廉貪坐命者，很多在命宮或遷移宮中有昌曲同宮，會做保險業、仲介業。倘若是廉貪和陀羅同宮，或有陀羅相照命宮的人，會做幫傭的工作，這兩種命格的女性，都有桃花氾濫的情形，不屬好命。亥年時，我為一位廉貪坐命亥宮的朋友算命，他是庚年生的人，有太陽化祿，在僕役宮，有武曲化權在官祿宮。我說：你不做軍人太可惜了，本命就是這樣！做文職是無法發展的。』這位朋友已經由上校退伍，他就是為了想拿退休金來過過癮，因為平生沒有大錢入手過，看到自己的兄弟姐妹做生意，錢財的進出都很大，因此心癢癢的，可是不到幾個月錢就花光了。大多輸在牌桌上。後來做保險業做了幾個月也無法有開展。他問我：『怎麼辦？』『那就做與軍警相關的保全業吧！』『什麼？要我替人做保鏢？看門，我以前好歹是個官呀！怎麼拉得下臉來？』『那就熬一熬吧！等你兒子養你！還好庚年生的人有祿存在子女宮。』這個朋友早就離了婚，子女由他的母親代養。算過命以後，很久不見其人。後來由友人告知，此人一直未能找到合適的工作，所有的事情都做不長。但是他有桃花運。夫妻宮是天府、擎羊，女朋友一個換一個，最後都是靠女朋友養他。

每個人一生的智慧都是有限的，尤其在運程不好時，更會異想天開，但是學習能力差，又不願多用頭腦來思考，來選擇自己一生命運的人，就最容易走錯路。在選擇事業走錯路時，自己的一生幸福也都搞砸了！

天府坐命的人

天府坐命的人，依命宮所在的宮位不同，有六種不同坐命方式。例如天府坐命丑宮的人、天府坐命未宮的人、天府坐命卯宮的人、天府坐命酉宮的人、天府坐命巳宮的人、天府坐命亥宮的人等等。

天府坐命丑、未宮的人，命宮中的天府星居廟。也就是財庫星坐命的人。他的遷移宮是廉貞、七殺，廉貞居平、七殺居旺。表示其人本身還蠻富裕的，但是有很多外來兇殺的力量，用愚笨，不經大腦的兇悍力量來與他對峙，因此外面的環境不太好。他的財帛宮是空宮。表示天府坐命的人，是替別人保存財富，像銀行一樣，但是錢財不是他的。他只是經理人的角色。只負有計較、清點、保存之責而已。

天府坐命丑、未宮的人的官祿宮是天相居得地之位。表示此人的工作很穩定，做事很負責，但職位並不很高。

從『命、財、官、遷』四個宮位來看天府坐命丑、未宮的人的事業運，其實很清楚的就能描繪出他的事業模式出來了。他是一個規規矩矩很會做事，做事很拚命負責，也會聽命於上級、老板的話。並且錢不是自己的，他只是具有專業的特長替人工作、數鈔票而已。

如此的事業運，當然就是做公職、教職，在大公司、機構中做管理階層人物的事業運了。

在天府坐命丑、未宮的『命、財、官、遷』四宮中沒有武曲財星，只有天府庫星和天相福星。廉貞這顆官星居平陷之位，七殺是煞星。因

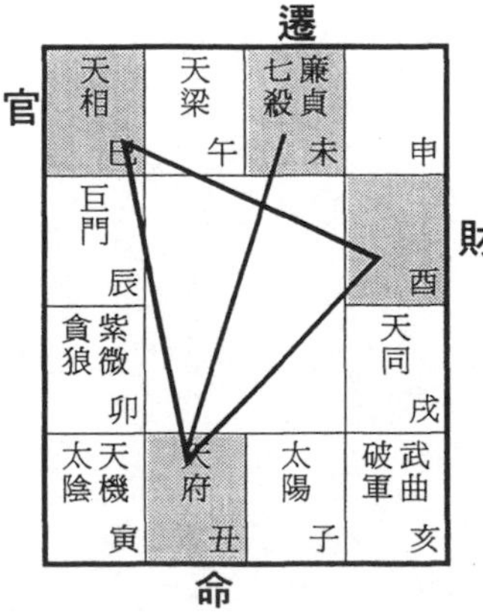

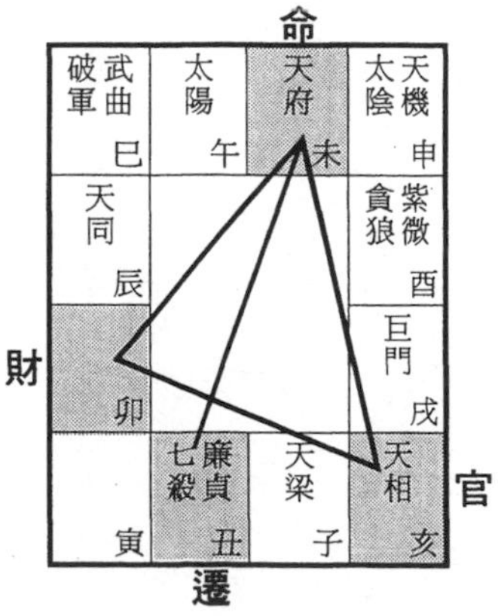

此天府坐命丑、未宮的人之事業運是以平順享福，少麻煩為主的，官不大，財不多，但是一生康泰。就算天府坐命丑、未宮的人做軍警人員（遷移宮有廉殺）都會是個守份守紀，天天按時上下班的老公務員的姿態，他們是無法衝鋒陷陣去工作的。同時他們也不會去做生意，因為在他們的思想中只是守財而已，無法向外掠奪。做生意的命格也是須要有向外掠奪的衝動性格才能達成的。

天府坐命卯、酉宮的人，命宮因旺弱不同，而有些差異。天府坐命卯宮的人，命宮在得地的旺度，剛合格，因此本命帶財的成份略少一點。

天府坐命酉宮的人，命宮居旺，本命帶財的成份較多。因此他在事業成就上會比別人加分多一點。

天府坐命卯、酉宮的人，遷移宮都是武曲、七殺。武曲財星居平、七殺居旺。這代表其人身處於財富較少，不夠富裕，又需要埋頭苦幹，多付出勞力來爭取的環境。他們的財帛宮都是空宮，有廉貪相照。丙、戊、壬年生的人，有祿存在財帛宮出現的人，可以有好一點的金錢運。否則都是用不到錢，賺錢又很辛苦的金錢運。同時這也表示天府坐命卯、酉宮的人是只會做事，對錢的事情一竅不通。既對錢沒有敏感力，也對錢的緣份淺。天府坐命卯、酉宮的人，其官祿宮是天相居廟。這是一種規規矩矩，兢兢業業努力，按時上、下班的事業運，天相是福星，福星居廟時，

如何創造事業運

會勤富的工作，但是也是平和沒有衝勁的事業運。

從『命、財、官、遷』四個宮位來看天府坐命卯、酉宮的人的事業運。你會發現在這其中，財星、庫星、福星、殺星各有一個，非常平均。而武曲財星是居平陷位的，根本無法製造財力，最後他們所擁有的只是屬於靜守、守財的一種方式。以及命、財、官之中只有一個殺星的打拚能力。所以天府坐命卯、酉宮的人，在事業上的競爭力是不足的，但他們可以靠儲蓄的方式，以及把錢財轉換成房地產再儲值的方式來致富。例如說台灣首富蔡萬霖就是用這麼一種開銀行，做保險業的方式來做事業而成功了。這也可以說他所做的事業是合於命格中演進路線的程式的事業運。當然就會成功了。

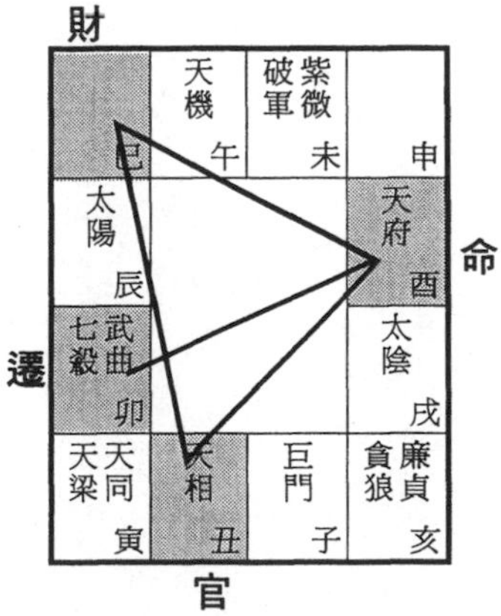

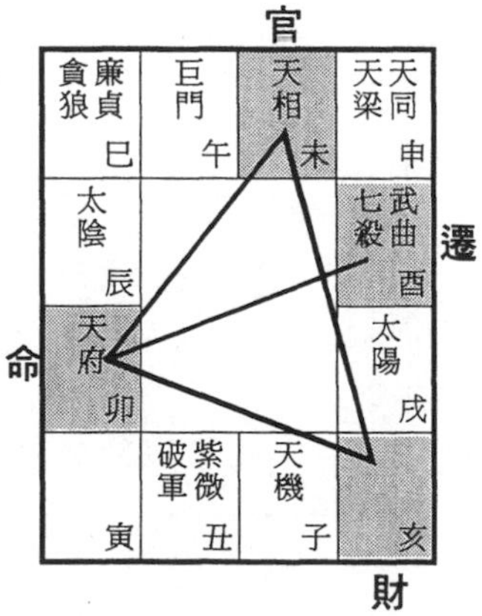

蔡萬霖先生命盤

<table>
<tr>
<td>財帛宮
天馬
已巳</td>
<td>子女宮
天機 文曲
庚午</td>
<td>夫妻宮
紫微化權 破軍 天鉞
辛未</td>
<td>兄弟宮
文昌
壬申</td>
</tr>
<tr>
<td>疾厄宮
太陽化忌 火星
戊辰</td>
<td colspan="2" rowspan="2">陽男
金四局</td>
<td>命官
天府
癸酉</td>
</tr>
<tr>
<td>遷移宮
武曲化科 七殺 擎羊
丁卯</td>
<td>父母宮
太陰
甲戌</td>
</tr>
<tr>
<td>僕役宮
天同 天梁 祿存
丙寅</td>
<td>官祿宮
天相 右弼 天魁
左輔 陀羅 地劫
丁丑</td>
<td>田宅宮
巨門 鈴星
丙子</td>
<td>福德宮
廉貞化祿 貪狼
乙亥</td>
</tr>
</table>

天府坐命巳、亥宮的人，命宮主星的天府星只居得地剛合格之位。屬於中等性質的帶財成份。他的遷移宮是紫微、七殺。紫微居旺，七殺居平。這代表此人外在的環境是平和多一點，兇性較小的環境。因此天府坐命巳、亥宮的人，在打拚努力的時候，奮發的力量也小一點了。不過他們的生活環境是比天府坐命卯、酉宮的人要好多了。

天府坐命巳、亥宮的人，其財帛宮是空宮，有武貪相照。這表示他們的金錢運並不強，雖然有武曲、貪狼在福德宮相照財帛宮，他們在心裡很愛錢，但與錢的緣份不深。倘若在財帛宮進入火星、鈴星，則會和相照的武貪，形成『雙重偏財運』命格。這樣的話，財來得就很快了。同時也改善了原本『武貪格』偏財運的結構。天府坐命巳、亥宮的人屬於『紫微在巳』、『紫微在亥』命盤格局的人，而這兩個命盤格局中，武貪不

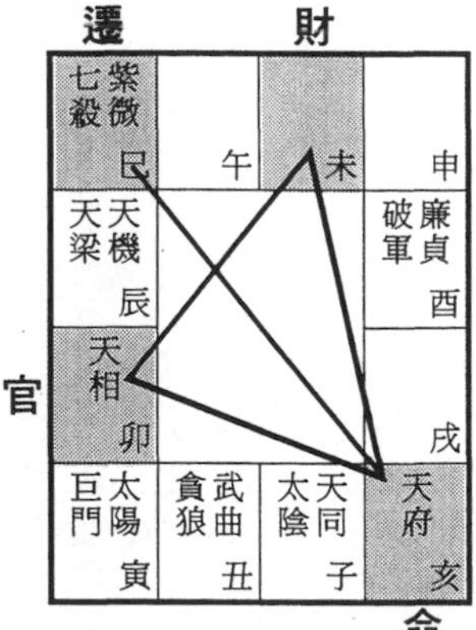

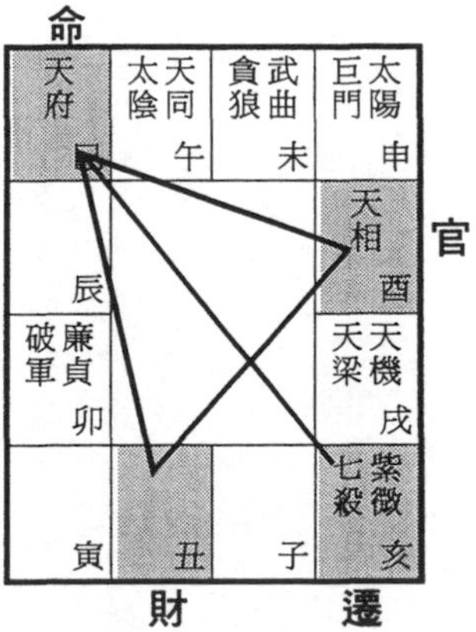

是同在丑宮，就是同在未宮，而對宮是空宮，因此暴發偏財運的機會就變成每十二年才暴發一次，比別的暴發運格等得要久。如果有火、鈴在武貪的對宮出現，則每六年暴發一次，並且有雙倍偏財運的好運道，比一般人的偏財運要強很多，這也是創造一個人的事業運或改變人一生命運奇蹟式成功的重要法寶。

天府坐命巳、亥宮的人，其官祿宮是天相陷落。也就是在事業上的福份並不太多。因此工作上的職位是不高。只有小康的狀態。通常天府坐命巳、亥宮的人會很安於做一個小職員，只要平平安安的，並不強求。

從『命、財、官、遷』四個宮位所落坐的星曜，我們馬上就可看出天府坐命巳、亥宮的人，因本命中擁有一個財庫星（並不很旺），一個福星（又居陷落），一顆官星紫微、一個殺星（居平）。因此在這種組合中就顯示出他們始終是用很優雅，並不太賣力的態度，及可以過得去就好，並不奢求的想法在從事事業和過生活。當然事業運是被經營得不夠的人，因此事業運始終停留在平凡的，小康狀態的，層次不高的層級中了。

天府單星坐命的人，通常都是非常保守的人，衝勁不足，不太願意常換工作，也不輕易離開工作崗位。他們都是『機月同梁』格的固定格局。只有天府坐命卯、酉宮的人，才有可能會兼有『陽梁昌祿』格，那只不過是把薪水階級的層次再提高而已。由於他們的謹慎，小心，一生都會平順的過活，只要經過長久的努力，事業運也可形成自然趨高，往上爬的形勢。

《天府、紫微坐命者的事業運，請看紫府坐命的人之部份》
《天府、廉貞坐命者的事業運，請看廉府坐命的人之部份》
《天府、武曲坐命者的事業運，請看武府坐命的人之部份》

太陰坐命的人

太陰單星坐命的人，有六種不同的命局型式，如太陰坐命卯宮、太陰坐命酉宮、太陰坐命辰宮、太陰坐命戌宮、太陰坐命巳宮、太陰坐命亥宮的人。

太陰坐命卯、酉宮的人，因為命宮所處的宮位不同而有旺弱。太陰坐命卯宮的人，為命宮居陷，本命中所含有的資源較少，帶財也少。他們是外表溫和，內在性格頑固，又有點懦弱怕事的人。其遷移宮是天同居平，是一種還算溫和，但卻讓人閒不下來的環境。天同是福星，居平時，造福的能力就不夠強了。他的財帛宮是太陽居陷，金錢運不太好。太陽本不主財，又落陷故財運不佳。太陽屬官星，居於財帛宮時，就必須如日行健、自強不息的做，以天天固定上班的上班族來賺取錢財較好。太陰坐命卯宮的人，官祿宮是天梁居旺，代表其工作，事業是由長輩支持，並以名聲響亮，做為做事業運大好的前程。同時也代表太陰坐命卯宮的人，其智慧、學習能力以及貴人運都是高階的。因此須要走文職的路途。

太陰坐命酉宮的人，命宮中的太陰星居旺，本命中所含的資源較豐富，本命中所帶的財也多。其遷移宮也是天同居平。表示所處環境中依然很溫和，但是讓他很操勞，根本享不到福。此人的財帛宮是太陽居旺。表示他賺取錢財的方式很積極，雖然得到的錢財並不是最多的，但財路很好，前途光明。只要日以繼夜的持續努力就會有好的成果。其官祿宮是天梁，是以名譽和貴人相助為主軸的事業運，升官也很快。

從『命、財、官、遷』四個宮位來看太陰坐命卯、酉宮的人的事業運，不難發現，其實他們

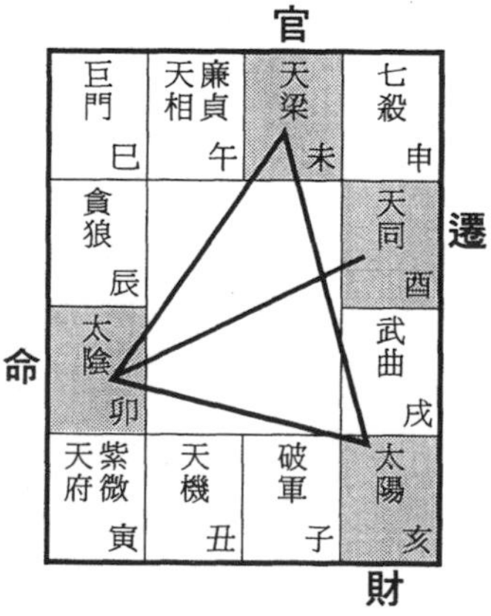

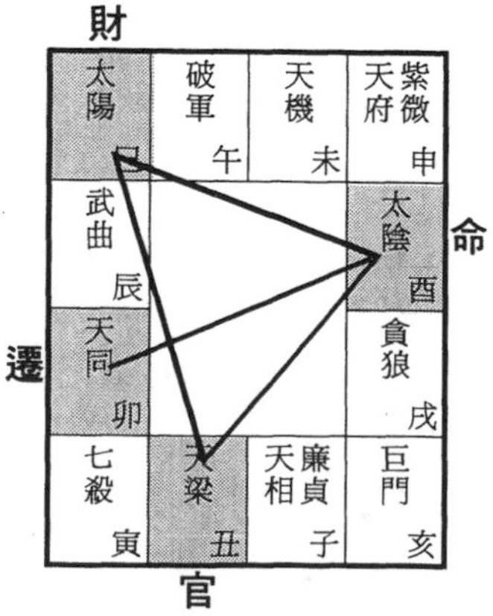

的事業運是包含了『機月同梁』和『陽梁昌祿』兩種格局。事實上還不止於此，在命盤中還有『武貪格』偏財運格。因此就算是太陰坐命卯宮的人，命宮居陷位，他們仍是比較起其他命宮落陷者，有較佳一點的事業運，並且在『命、財、官、遷』中的四顆星太陰、天同、太陽、天梁中，只有太陰是財星，而且是溫和靜守儲存的財星。天同是福星，太陽、天梁屬於官星，因此在整個的事業格局中以平順的、名聲好的、享福的，不必多花力氣的工作為主。只要是合於可以出名、名聲響亮的工作，就可以創造事業運。

太陰坐命卯宮的人，因『命、財、官、遷』中的太陰（命宮）、太陽（財帛宮）俱陷落，有『日月反背』的現象，天同福星也居平陷，因此一生的狀況不佳。但是有『陽梁昌祿』格的人，可有較高的學歷，生活也會較好。太陰與昌曲同宮坐命的人，即有『陽梁昌祿』格，苦讀成功，也並不一定如書中所說，為命卜之人。

太陰坐命酉宮的人，因『命、財、官、遷』中的太陰、太陽皆旺，天梁也居旺，只有天同福星居平，一生勞碌一點，但事業運非常強，再有文昌在『命、財、官』中出現，是正牌的『陽梁昌祿』格，會把人一生的事業推向高峰。像長榮海運的張榮發先生就是太陰坐命酉宮的人，有太陰化祿、文昌在命宮中，『命、財、官』形成『陽梁昌祿』格。並且他還有『武火貪』雙重偏財運（暴發運）格，加上基本的『機月同梁』格，三種運格，在一生中交互作用，因此造就一片大好事業。

張榮發先生命造

<table>
<tr><td>財帛宮
太陽 文曲 天刑 陀羅
乙巳
45—54</td><td>子女宮
破軍 祿存
丙午
35—44</td><td>夫妻宮
天機化科 擎羊
丁未
25—34</td><td>兄弟宮
紫微 天府 天馬
戊申
15—24</td></tr>
<tr><td>疾厄宮
武曲
甲辰
55—64</td><td colspan="2" rowspan="2">陰男
土五局</td><td>命宮
太陰化祿 文昌 天姚 天鉞
己酉
5—14</td></tr>
<tr><td>遷移宮
天同化權
癸卯
65—74</td><td>父母宮
貪狼 火星
庚戌</td></tr>
<tr><td>僕役宮
七殺 右弼
壬寅
75—84</td><td>官祿宮
天梁
癸丑</td><td>田宅宮
廉貞 天相 左輔
壬子</td><td>福德宮
巨門化忌 鈴星 天魁
辛亥</td></tr>
</table>

太陰坐命辰、戌的人，因命宮所坐宮位不同，而有不同的人生。本命的太陰在辰宮居陷，是帶財較少的人，一生對財富匯集儲存的能力不強，對金錢的敏感力差，因此無法主財。他的遷移宮是太陽陷落，外在的環境較晦暗，運氣較不好。太陽是官星，因此官運不佳。他的財帛宮是天機居廟，表示其賺錢的方式是以聰明才智為主的方式，變化多端，起起伏伏。官祿宮是天同居旺、天梁居陷。代表打拚努力較少，愛享福，又沒有貴人幫助，在工作上得不到名聲好評。天梁也是官星。居陷時，官運不佳，職位不佳。由『命、財、官、遷』中的五顆星，只有兩顆（天同、天機）是居旺的，其他三顆（太陰、太陽、天梁）都是落陷的，就知道他們是利用小聰明，愛偷懶的方式在做事業，當然事業不會高啦！所幸他的命理格局就是『機月同梁』格，只要有工作，天

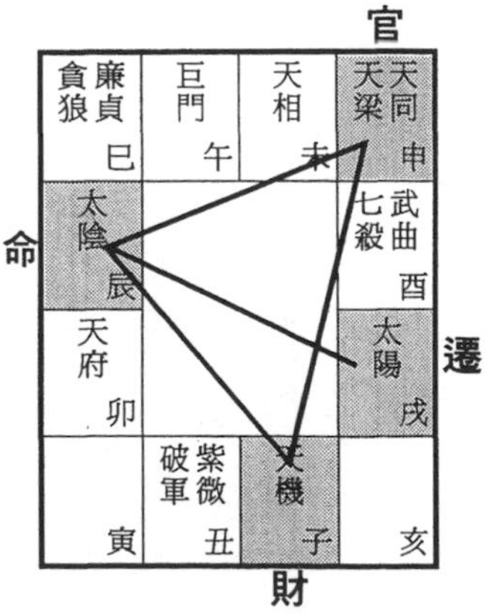

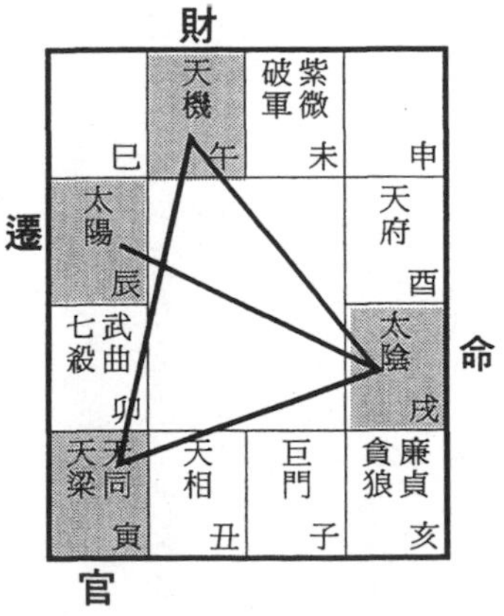

天上班，就能舒服的過日子了。至於事業運的高低，他是不計較的。

太陰坐命戌宮的人，因命宮太陰居旺，對財富的匯集能力強，對金錢的敏感力，計算力較佳，儲存能力也較強。因此命理本身就是較富足，資源豐厚之人。他的遷移宮是太陽居旺，外面的環境開朗暢旺，順利。太陰坐命辰宮的人，是活潑開朗，喜歡向外發展的人，不會像其他太陰坐命的人那麼內向。他們一生的運氣也比較好。他們的財帛宮也是天機居廟，運用聰明才智可賺到錢，但財運常有變化。官祿宮中的天同居平，而天梁居廟。表示此人極有奮發向上的能力，也願意打拚。

太陰坐命辰宮的人，在他的『命、財、官、遷』四個宮位中，有太陽和天梁兩個星是官星，並且是居旺的，本命太陰財星也是居旺的，天機運星也是居旺的。只有天同福星是居平的。因此這個人一生的事業在由『命、財、官、遷』所組成的『機月同梁』格中，形成最高的層次。並且也可借由名聲響亮而創造事業運。成為有名氣的人。自殺身亡的演藝人員于楓就是太陰、擎羊坐命戌宮的人。本來這個命格是很好的，但是生年不好，有擎羊在命宮，使本來快樂、開朗的性格多增加了愛多想、煩惱、多計較的性格，以致於想不開。

太陰坐命巳、亥宮的人，因命宮所坐位置的不同，事業運也有不一樣。太陰坐命巳宮的人，因命宮居陷位，因此對錢財的敏感力差，本命中帶財少，生命中可運

如何創造事業運

用的資源也少。他的遷移宮又是天機居平陷之位。是一種才智都很貧乏的環境。他的財帛宮是空宮，有天同、巨門相照。本來就已不強的財運，又浮上陰影，賺錢更艱辛。他的官祿宮是太陽居平、天梁居得地之位。太陽、天梁都是官星，又都在官祿宮中適得其所，可惜已日落西山，衝力不足了。本身的才智力量不足，再加上貴人相助的力量也不足，因此事業運是很差的。

太陰坐命亥宮的人，因命宮中的太陰星居廟位，故對錢財的匯集力較強，一生中的資源運用較豐富。他的遷移宮也是天機居平，是一個才智平庸的外在環境，他的財帛宮也是空宮，有同巨相照，表示他活在自己的權力範圍內較富足，若要向外打拚、賺錢，則是能力不足了。他的官祿宮中有太陽、天梁兩顆官星，都在廟旺之位，因此他是事業運中官運最旺的人。

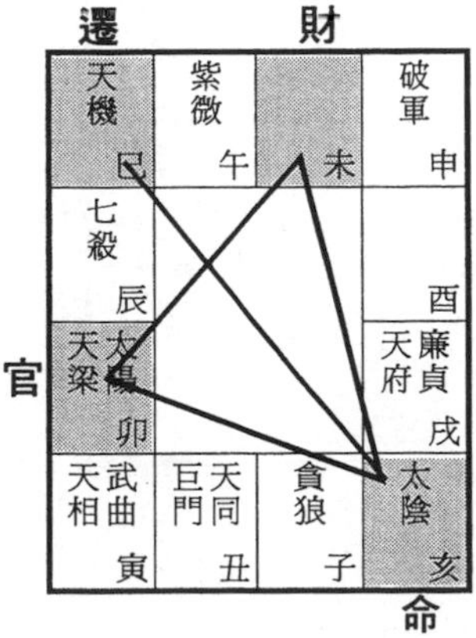

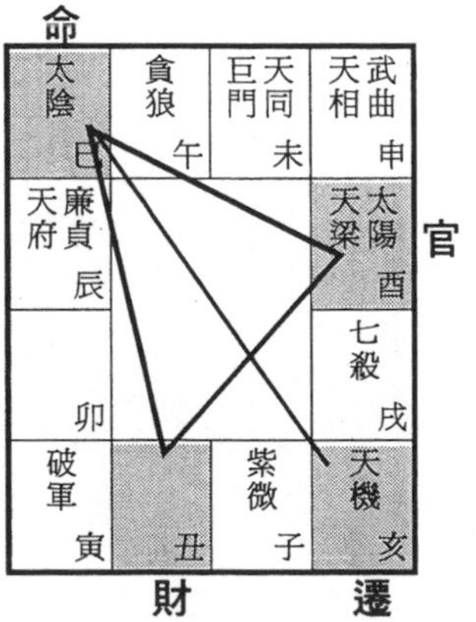

馬英九先生 命盤

<table>
<tr><td>遷移宮
天機
辛巳</td><td>疾厄宮
紫微 右弼
壬午</td><td>財帛宮
陀羅 天鉞
癸未</td><td>子女宮
破軍 火星 祿存 左輔
甲申</td></tr>
<tr><td>僕役宮
七殺 天空
庚辰</td><td colspan="2" rowspan="2">陽男
庚寅年
土五局</td><td>夫妻宮
擎羊
乙酉</td></tr>
<tr><td>官祿宮
太陽化祿 天梁 文昌
己卯</td><td>兄弟宮
廉貞 天府 鈴星
丙戌</td></tr>
<tr><td>田宅宮
武曲化權 天相
戊寅</td><td>福德宮
天同化科 巨門 天魁 天刑
己丑</td><td>父母宮
貪狼
戊子</td><td>命宮
太陰化忌 文曲
丁亥</td></tr>
</table>

太陰坐命巳、亥宮的人，本命中原已有『機月同梁』格，而官祿宮又有陽梁，就很容易形成『陽梁昌祿』格。這樣的命格就勢必做政府的公務員或大公司、大機構的管理階級為一生事業的導向了。也可說是以官運為一生的路途。他們是無法走財運做生意的。因為『命、財、官、遷』中的財星太少，太陰又是軟弱不積極的財星之故。凡是陽梁昌祿格的人，有官途，就會有財利順利的人生。台北市長馬英九先生就是太陰坐命亥宮的人，具有漂亮完整的『陽梁昌祿』格，官運是不可限量的。

《太陰、天機坐命者的事業運，請看機陰坐命的人之部份》
《太陰、天同坐命者的事業運，請看同陰坐命的人之部份》
《太陰、太陽坐命者的事業運，請看日月坐命的人之部份》

貪狼坐命的人

貪狼單星坐命時，有六種不同型式坐命的人，分別是貪狼坐命子宮的人，貪狼坐命午宮的人，貪狼坐命寅宮的人、貪狼坐命申宮的人、貪狼坐命辰宮的人、貪狼坐命戌宮的人等六種。

貪狼坐命子、午宮的人，本命貪狼都居旺。貪狼是好運星、偏財星。因此這兩

如何創造事業運

項功能都很強。同時貪狼也是將星，具有大殺將的奮鬥力，在行動力、打拚的力量上是特別強大並富有活力的。他的遷移宮有紫微星。紫微是官星、帝王星，因此在環境中他就是高人一等，擁有最佳資源的人了。貪狼坐命子宮的人，紫微居旺。貪狼坐命午宮的人，其遷移宮中的紫微星居平，因此命宮不同，所具有的福力，資源就不一樣了。

貪狼坐命子、午宮的人，其財帛宮是破軍居得地之位。表示必須以爭戰、拚鬥的方式來賺錢。但是耗損是很大的，往往是入不敷出的。其官祿宮是七殺居廟，表示其事業是靠打拚、身體的勞力奮鬥而來的。因此勞動力在貪狼坐命子、午宮的人的事業運和一生運程中是非常重要的條件，必須要親自去做，絕不能動口不動手，否則就成不了事業運了。

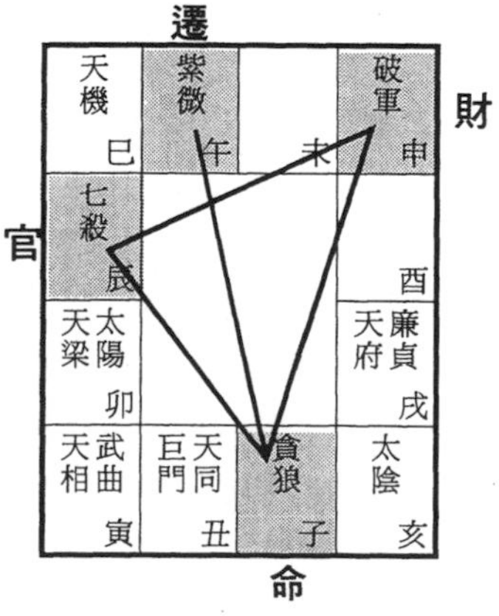

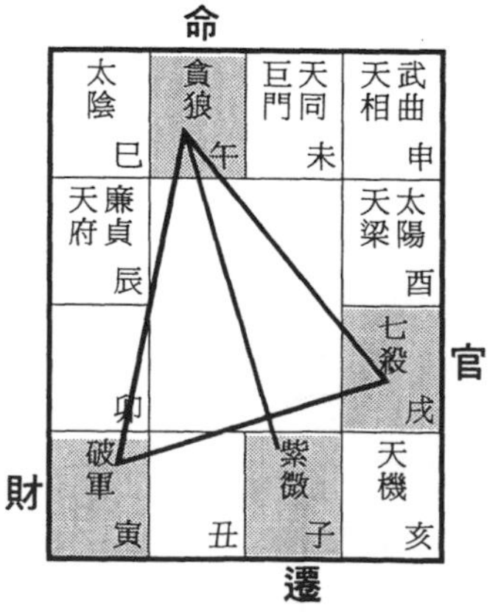

貪狼坐命子、午宮的人，在『命、財、官』三合宮位就形成『殺、破、狼』格局。因此事業和一生的命運都是在衝動、迅速變化、起伏有緻的、苦幹蠻幹的情緒下造成。倘若失去了這些『動』的原動力，就會像人生的齒輪被卡住了，動彈不得，事業運也會腐朽。

貪狼坐命子宮的人，因遷移宮的紫微官星居旺，並且命局中的『陽梁昌祿』格也在旺位，因此他的事業運要比命坐午宮的人好得太多。

在貪狼坐命子、午宮的人的『命、財、官、遷』中，紫微是官星、貪狼星是運星、七殺是殺星、破軍是耗星。完全沒有財星和財庫星。因此在他們的一生中錢財的流動性很大，是存不住錢的了。其人也沒有定性，也不能做生意。耗星就存在於財帛宮了，長期的投資會耗損愈大。只有做短期速戰速決的生財之道才能賺到錢。官祿宮有殺星的人，很適合做軍警業和爭鬥性、速度感快速的行業。例如做股票買賣、期貨操作等。目前電腦科技的競爭性很強，網路行銷的工作也很適合貪狼坐命的人。

貪狼坐命的人非常聰明靈活，雖然他們對錢的敏感力和計算能力不佳。但是對於好運的敏感力，和事業成功的敏感力特別強勢。因此貪狼坐命的人若是愛賺錢，倒不如投身努力於工作，有了事業運，自然財運就會好了。若一個勁的只想賺錢，猛鑽錢眼，最後得不償失，也消耗了青春與時間。貪狼坐命子、午宮的人最喜歡戊年和己年生的人，戊年生的人有貪狼化祿在命宮，人緣好，財祿多。己年生的人有貪狼化權在命宮，又有武曲化祿在福德宮，是財宮雙美的格局。而最不喜歡癸年所生的人，有貪狼化忌在命宮，一生起伏多是非，而不順利，同時也會影響事業運成就稍遜。

貪狼坐命寅、申宮的人，命宮中的貪狼都是居平位的，貪狼是好運星，又居於平陷之位，代表好運是不強的，他的遷移宮是廉貞居廟。這是一種具有計畫性、爭鬥性、兇悍、暗昧不明、很強烈的環境，再加上他的財帛宮是破軍居旺，必須出征，才會有財祿。其官祿宮也是七殺，必須用身體上的勞碌，拚血汗才能有功績。因為

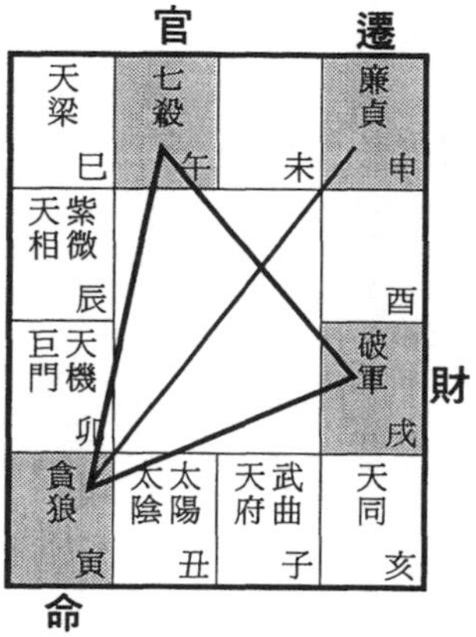

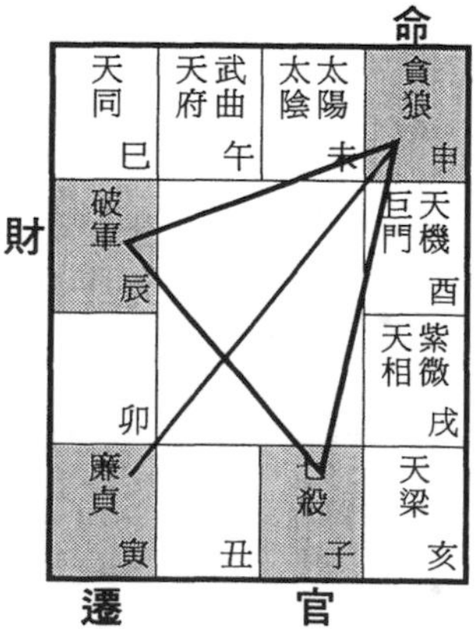

貪狼坐命寅、申宮的人，由『命、財、官、遷』所顯示的機運，並不如貪狼坐命子、午宮的命格，他們的外在環境就不佳。因此在事業運上，也較遜於他們。

貪狼坐命寅、申宮的人，因其『命、財、官、遷』四個宮位中的四顆星全是煞星，因此事業運的困難度是稍高的，在打拚奮鬥上也必須多投注精力，才能闖出天地出來。他們多半是做軍警武職的工作。做文職是辛苦又做不長久的。並且他們的命局中還有『機月同梁』格，要做固定領薪、固定上班的工作才行。倘若在『兄、疾、田』一組的三合宮位中有文昌、祿星存在，就是有『陽梁昌祿』格，一生的事業運會增高。戊年生的人就很容易達成。

貪狼坐命寅、申宮的人，喜歡戊、己年生的人，害怕丙年生有廉貞化忌在遷移宮，也怕癸年生有貪狼化忌在命宮，會一生較不順利，心情鬱卒。

貪狼坐命辰、戌宮的人，本命貪狼居廟，是貪狼坐命者中命格最強勢的人。他的遷移宮是武曲財星居廟位，身處財富之鄉，外在的環境不但資源豐富，而且是個對財富很敏感的地方。貪狼坐命辰、戌宮的人在這種環境中成長。當然對於財富的瞭解，以及對財富的敏感力，和運用計算的能力，都是比其他貪狼坐命的人好的太多，優勢環境就是事業成功的首要條件了。

貪狼坐命辰、戌宮的人，也和其他貪狼坐命的人一樣。『命、財、官』都是『

殺、破、狼』，但是他所具有的『殺、破、狼』格局中的星曜全是居廟位，有第一等級超旺度的。而別的貪狼坐命者的『殺、破、狼』的旺度有層級等而下之之分，因此他們一生的事業運較強勢。也就是說：貪狼坐命辰、戌宮的人，『命、財、官』都是非常強勢的了。

貪狼坐命辰、戌宮的人，在命格中有三種格局。一是『機月同梁』格。二是『陽梁昌祿』格。三是『武貪格』暴發運格。『命、遷』二宮形成的『武貪格』，每六、七年便把他的人生格局往上推一把，這和其他貪狼坐命的人擁有『火貪格』、『鈴貪格』，必須時辰生得好才具有的暴發運格是不同的。因為只要是命宮坐於辰戌宮的貪狼坐命者，每個人在先天的機會上就已具備了這個好運了。是天生自然的機運。因此事業運必定是高人一等的。

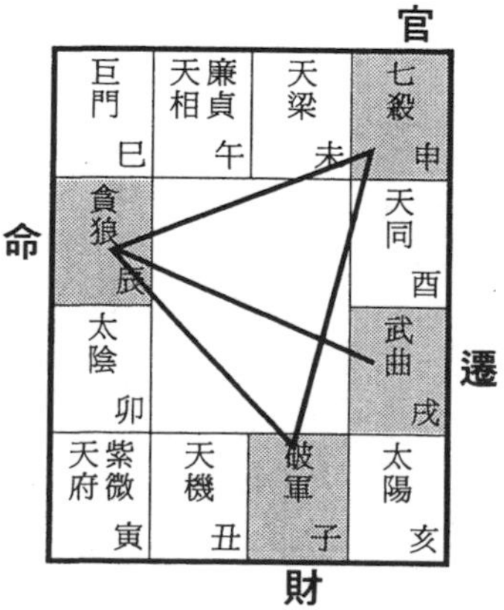

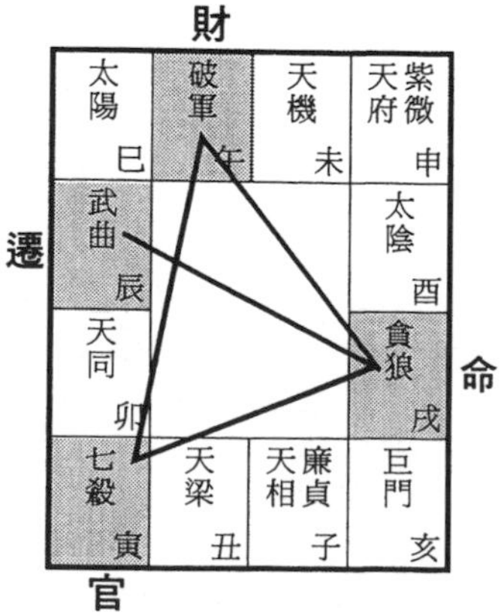

吳伯雄先生 命盤

父母宮 巨門 陀羅 天姚 己巳	福德宮 廉貞 天相 祿存 文曲化忌 右弼 陰煞 庚午	田宅宮 天梁化科 擎羊 辛未	官祿宮 七殺 文昌 左輔 天鉞 台輔 壬申
命宮 貪狼化權 戊辰			僕役宮 天同 天空 癸酉
兄弟宮 太陰 丁卯			遷移宮 武曲化祿 甲戌
夫妻宮 紫微 天府 丙寅	子女宮 天機 地劫 天刑 丁丑	財帛宮 破軍 鈴星 天魁 丙子	疾厄宮 太陽 火星 乙亥

但是貪狼坐命辰宮和貪狼坐命戌宮這兩個好命好運的命格上，還是會有高下之分的，例如說貪狼坐命辰宮的人，命盤中有『日月反背』的現象。太陽、太陰俱陷落，一生的運程，就會少了大個大運機會的幫忙，也會多了兩個大運的不順。而貪狼坐命戌宮的人，命盤中『日月皆旺』一生順利得多，事業運更好。就像吳伯雄先生就是貪狼坐命辰宮的人，他是己年生的人有貪狼化權在命宮，武曲化祿在遷移宮，命勢很強，但從亥年至卯年都不順，寅年好一點。不過在辰年的暴發運都是會在財祿、權位都帶來極大衝力的好運年。

《貪狼、紫微坐命者的事業運，請看紫貪坐命的人之部份》
《貪狼、武曲坐命者的事業運，請看武貪坐命的人之部份》
《貪狼、廉貞坐命者的事業運，請看廉貪坐命的人之部份》

巨門坐命的人

巨門坐命的人，因坐命宮位不同，也有六種不同型式的命格。如巨門坐命子宮、巨門坐命午宮、巨門坐命辰宮、巨門坐命戌宮、巨門坐命巳宮、巨門坐命亥宮等六種。

巨門坐命子、午宮的人，本命居旺。巨門為暗曜。主暗昧是非、口舌，同時也代表口才。因此巨門坐命的人是不怕是非混亂的，並且以愈亂愈好。他的遷移宮中有天機居廟。天機主聰明、智慧和變動。所以巨門坐命子、午宮的人就是處在一種變動速度很快，有變動就有轉機的環境中。他的財帛宮是空宮，有天同、天梁相照。空宮本屬弱運，天同、天梁一個是福星，一個是貴人星，皆不屬財，因此他們對金錢的敏感力是不佳的，對金錢賺取的打拚能力也不強。其官祿宮為太陽。太陽星是官星，正坐官祿宮，在職位上可以獲得一定的職等。巨門坐命子宮的人，官祿宮中的太陽居旺，職位較高，事業運較好。而巨門坐命午宮的人，官祿宮中的太陽居陷，職位較低，事業運也較差。甲年生有太陽化忌在官祿宮的人，會因智慧上的問題，判斷錯誤，而影響事業運。

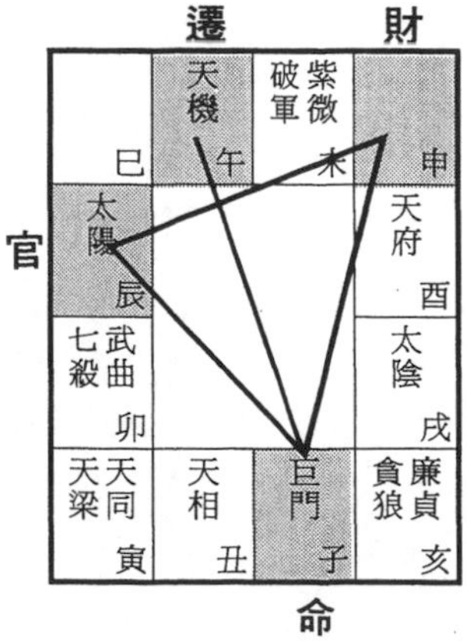

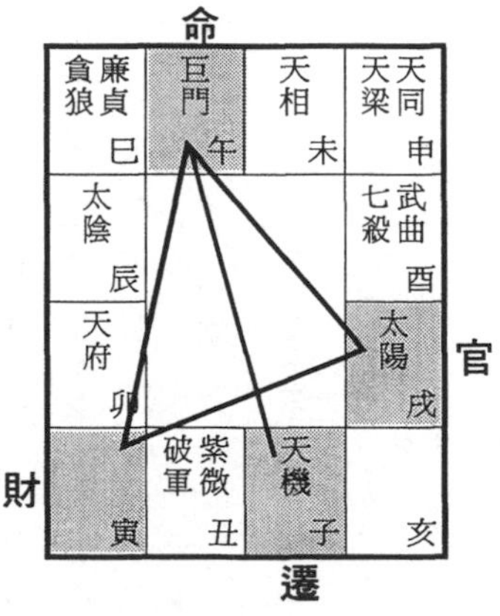

如何創造事業運

從『命、財、官、還』四個宮位來看巨門坐命子、午宮的人的事業途。其實很容易看出他們就是『機月同梁』格。必須以固定的工作、天天上班的薪水族生活方式是最佳的人生路徑了。巨門坐命子、午宮的人命格中官祿宮有太陽官星，就是有官格。而巨門坐命子宮的人官格較旺，倘若再有化權（癸年生）、化祿（辛年生）在命宮，就會把握住他們這種人生中最有利的部份，而創造出強勢的事業運，這其中又以辛年生的巨門坐命子宮的人，官祿宮還有太陽化權居旺的人，事業運更佳。

巨門坐命的人，各行各業都有，最常見於保險業、房地產業、仲介做業務推銷的工作。他們的口才好，懂得用心理戰術，做事的方式亦邪亦正，手法很會變通，尤其是巨門坐命子、午宮的人，適應能力極強，有很多人也是做民意代表的能手。例如高雄市長謝長廷就是丙年生有天機化權在遷移宮的巨門坐命子宮的人。在寅年時流年命宮有天同化祿，流年官祿宮恰逢天機化權，有權祿相逢，因而可贏得市長的選戰。倘若是在卯年來選，就很辛苦了，而且前途茫茫。

謝長廷先生的命盤

僕役宮 文昌化科 祿存 癸巳	遷移宮 天機化權 火星 擎羊 天空 甲午	疾厄宮 紫微 破軍 乙未	財帛宮 鈴星 丙申
官祿宮 太陽 陀羅 地劫 壬辰	土五局		子女宮 天府 文曲 丁酉
田宅宮 武曲 七殺 辛卯			夫妻宮 太陰 戊戌
福德宮 天同化祿 天梁 庚寅	父母宮 天相 辛丑	命宮 巨門 庚子	兄弟宮 廉貞化忌 貪狼 乙亥

巨門坐命辰、戌宮的人，命宮皆居陷位。巨門為暗曜，又稱隔角煞，為煞星，居陷時，為是非作亂之星。他的遷移宮為天同居平。天同是福星，居平時，福力淺薄，不會給巨門坐命辰、戌宮的人帶來好運，所帶來的只不過是一個懶散，沒有競爭力，享福又享不到的環境，在資源上也不夠富裕安泰。其財帛宮是太陽星，太陽是官星，不主財，在財帛宮出現，只能代表金錢運的好壞，是無法代表金錢運的多寡的。因為實際上財帛宮沒有財星在內。都是金錢運不夠好的命格。

巨門坐命辰、戌宮的人，官祿宮是空宮，有機陰相照。這是極差的事業運了。通常巨門坐命辰、戌宮的人，沒有事業運，他們根本很少工作，工作時期都不長。他們是依賴配偶、家人供給生活享用。命坐戌宮的人，會有很好

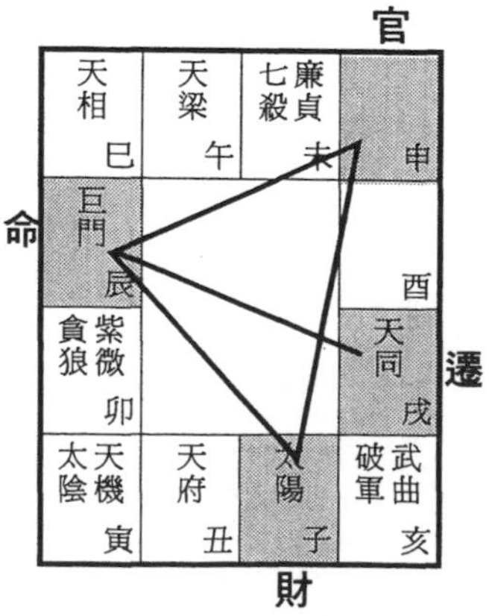

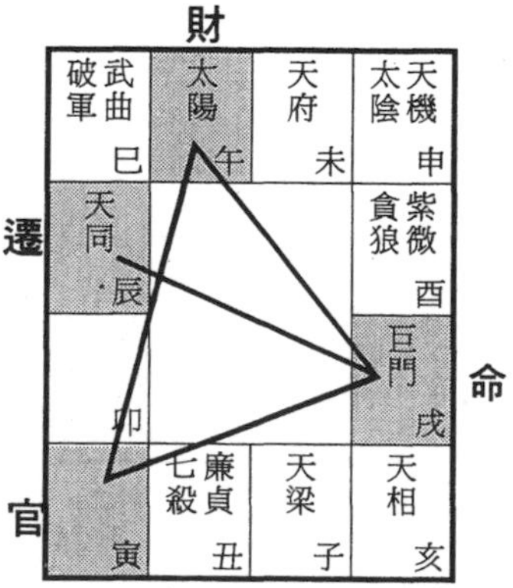

的父母，供給他們生活所需。而命坐辰宮的人有配偶，供給他們所需的財物，他們只需要用些小聰明，製造一些是非混亂便可以得到了，著實很方便、輕鬆，所以是不需要工作的。

巨門坐命辰、戌宮的人，在『命、財、官、遷』四個宮位中，都沒有財星，官星又不得其位。福星居陷，巨門暗曜通常歸類於煞星之中也居陷。如此的命格怎會有事業呢？丁年生有巨門化忌在命宮，又有天同化權在遷移宮的人，容易有扭曲、邪惡的思想，會做匪類。例如白曉燕命案的兇嫌陳進興就是丁年生，有巨門坐忌坐命辰宮的人。

巨門坐命巳、亥宮的人。本命中的巨門居旺。因此帶煞的成份輕一點。但他們仍然是具有是非、口舌、爭鬥性較強的命格。他的遷移宮是太陽。太陽是官星，存在於遷移宮中，會使巨門坐命巳、亥宮的人，不但在生活水準上提高，就是在整個的人生層次中也會有增加的局面。他的財帛宮是天機陷落。表示在於賺錢方面的智慧低落。錢的運用及流通都不好。對錢沒有敏感力，也沒有聚財能力，太積極的變動，會愈變愈糟。其官祿宮是天同居平。這是一種智慧不高，打拚能力不強，職位也不高的事業運。

事實上巨門坐命的人，全屬於『機月同梁』格。而命坐巳、亥宮的人更是做公務員、薪水族、最忠貞的份子了。在他們的命格裡，還有重要的『陽梁昌祿』格和『武貪格』出現。只要在『夫、遷、福』三合宮位中有文昌、祿星（祿存和化祿）出現，就會擁有高學歷和官運。連帶的事業運也一帆風順了。

巨門坐命巳、亥宮的人，在命、財、官、遷沒有財星出現，代表才智及運氣的運星天機又在財帛宮中呈陷落的局面。天同福星也居平在官祿宮中，巨門坐命巳宮的人，就連遷移宮的太陽都是陷落的，因此事業運可見一斑了。巨門坐命亥宮的人較好一點，『命、財、官、遷』中有兩個星居旺，兩顆星居平陷之位。但是若不能確實把握住『陽梁昌祿』格和『武貪格』的暴發運程的話，事業運還是不會高的。

巨門坐命巳、亥宮的人，比較會在研究機構、場所中出現（這是命格中有『陽梁昌祿』格的人

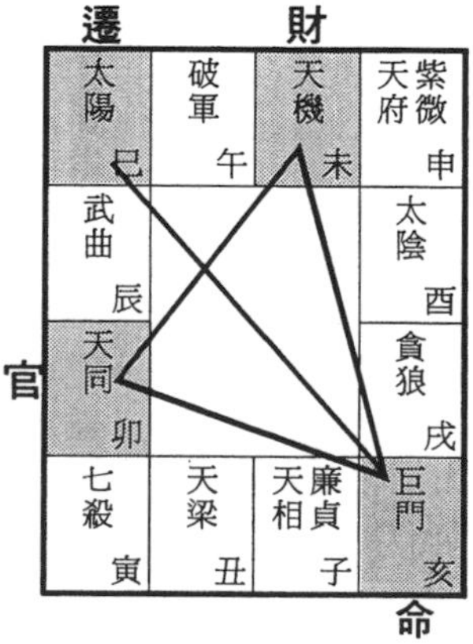

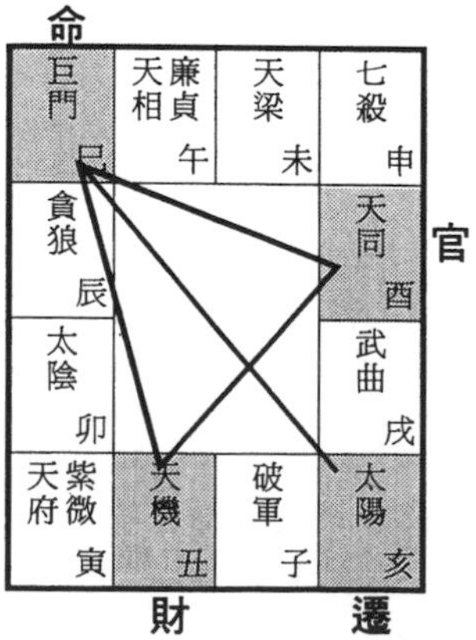

）。也會在醫院中工作。也有做軍警人員和一般薪水階級職員工作的。他們普通的對事業沒有競爭心。一切以平順、祥和、安定為主。因此巨門坐命巳、亥宮的人，是最能夠享福，不會太用力氣去爭鬥的了。但是是非口舌的問題還是存在的。

《巨門、天機坐命者的事業運，請看機巨坐命的人之部份》

《巨門、天同坐命者的事業運，請看同巨坐命的人之部份》

《巨門、太陽坐命者的事業運，請看陽巨坐命的人之部份》

天相坐命的人

天相單星坐命的人，也是依命宮所坐宮位的不同，而有六種不同命格的形式。如天相坐命丑宮、天相坐命未宮，天相坐命卯宮，天相坐命酉宮，天相坐命巳宮，天相坐命亥宮六種命格。

天相坐命丑、未宮的人，雖然遷移宮都是紫微、破軍，但是命宮居丑坐命的人，天相居廟，而命宮居未宮只有得地剛合格的旺度。天相是勤勞守份的福星，是必須勞碌、付出努力後才會得到福力。不像天同是懶福星，靠等待而自然天成的福力。因此天相坐命的人都勤勞守份，是莊重得體的人。遷移宮是紫破，代表外在的環境

如何創造事業運

是表面看起來不錯，其實是具有爭鬥性、複雜性的環境，其財帛宮是天府。天府是財庫星，他對金錢的處理方式是把它歸庫，儲存起來。所以天相坐命的人，是居家多財數的。其官祿宮是空宮，有廉貪相照。在職業的工作中，他們常居於下級的地位。因為職位不高，因此表面看起來根本稱不上事業運了。

從『命、財、官、遷』四個宮位來看天相坐命丑、未宮的人，在他們一生中多半以辛勤努力的付出，拚命的存錢，做為一生的志向。有一些天相坐命丑、未宮的人會做軍警人員，一輩子勞苦，但是升不了官。有一些在軍警業中，長相、體面、勤勞溫和的老好人，一輩子只做到士官、鄉下小分局長的職位的人，大概都屬於這種命格的人，不過呢！他們也可領一些退休金而自得其樂了。這主要是代表智慧、

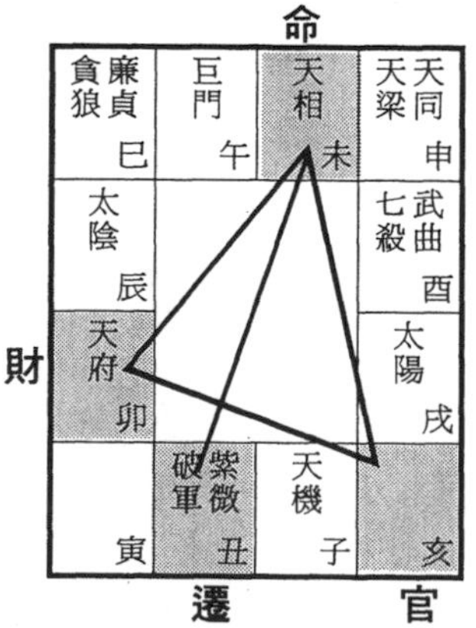

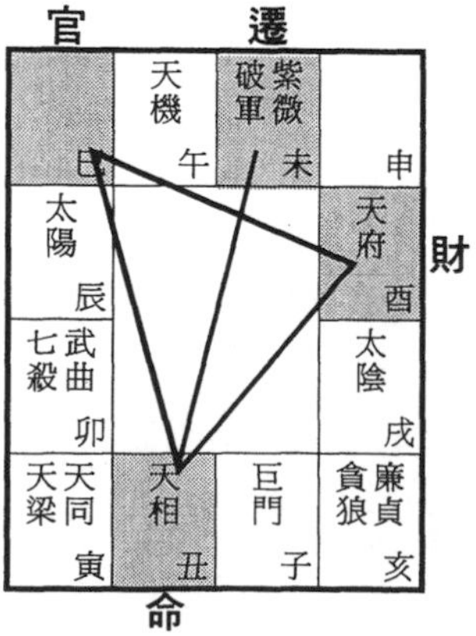

才能的官祿宮為空宮不夠強，又有廉貪俱陷來相照的結果，使他們在事業上沒有智慧，也沒有敏感力所致。倘若官祿宮有祿存、文昌、文曲入宮，就會有較高的事業運了。有火星、鈴星在官祿宮的人，做軍警職也會有一些發展及好運的。

天相坐命卯、酉宮的人，命宮中的天相福星都是居陷位的。因此他們比較操勞，福不全。其遷移宮是廉貞、破軍，皆居平陷之位，代表外在的環境是險惡、雜亂、爭鬥性強烈的環境。同時也代表外在環境的資源不富裕，很窮困。格調也不高，其財帛宮是天府居得地之位，代表對金錢運的觀念就是存錢。並沒有特別的方法去爭取財富。其官祿宮是空宮，有武貪相照。同樣的，他的事業運不強，而且偏向軍警類的職業和競爭性強的職業，從『命、財、官、遷』四個宮位顯示出天相坐命卯、

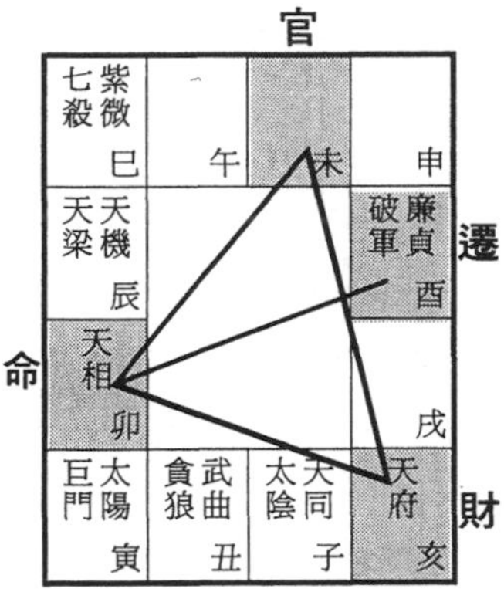

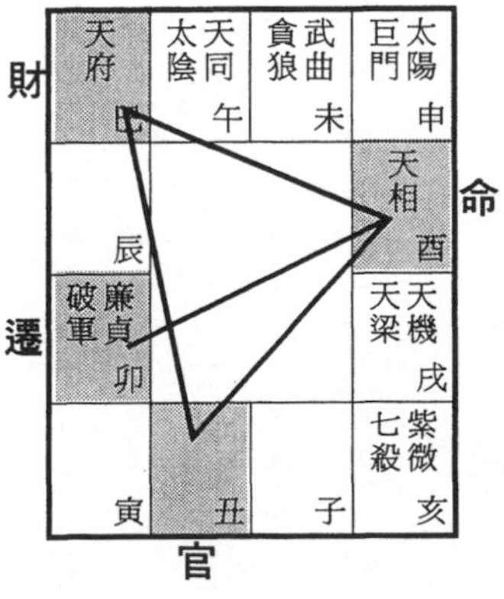

酉宮的人的人生架構和事業運只是在保守的勞動中又有不能停止的破耗下，所進行的人生歷程和工作的狀況。因此事業運是不高的。

天相坐命卯、酉宮的人，倘若在官祿宮進入文昌、文曲，此人會做文職的工作倘若官祿宮進入擎羊、陀羅、火星、鈴星，大多數可能做軍警武職，或做競爭激烈的工作。有火、鈴在官祿宮時，會有雙重的暴發運，暴發的時間也比一般天相坐命卯、酉宮的人快，並且是每六年暴發一次，可以多增錢財。

天相坐命巳、亥宮的人，天相居得地之位。其旺度剛合格。他的遷移宮是武曲、破軍，雙星居平陷之位。代表其外在的環境窮困，外在的資源不豐富，有欠缺、又有很多破耗，並且他是身處在一個陰險雜亂、破敗不堪、爭鬥不斷的惡劣環境之中。

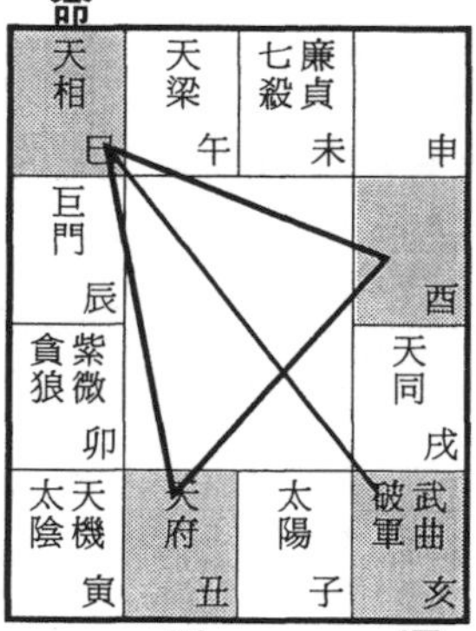

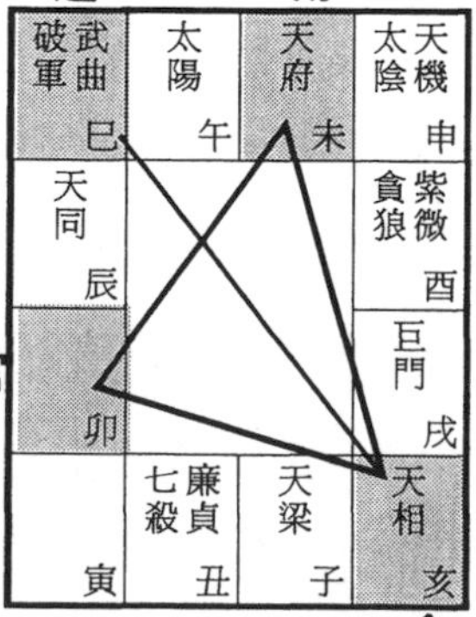

其財帛宮是天府居廟位。表示此人很會存錢，對金錢的理財能力很強，在惡劣的環境下還能存很多錢。其官祿宮是空宮，有紫貪相照。凡是空宮都屬弱運。倘若官祿宮能有火星、鈴星進入，則能形成『火貪格』、『鈴貪格』，可以在事業和金錢上有好運，但以軍警業為主。有羊、陀在官祿宮的人，也多半會做軍警業，或做外科醫生、獸醫等與刀有關，與血光有關的工作。有文昌在官祿宮的人，有『陽梁昌祿』格，會做文職，並且職位也會較高。

天相單星坐命時，以天相坐命巳、亥宮的人，成就較好，也較有錢，事業運較高。其次是天相坐命丑宮的人較有錢，事業運較差，職位較低。第三是天相坐命卯、酉宮的人，和天相坐命未宮的人。

天相單星坐命的人，財帛宮都是天府，官祿宮都是空宮。因此會依本命福力的強弱、蓄財能力的強弱，和外來劫財的多寡（他的遷移宮都是劫財的星）而定出一生起伏的架構。他們的事業運都不強，是一種不願意太計較（因為爭不過）。只希望從另一條路，從賺錢的角度來看人生，因此他們在錢財上會得到的較多，在事業上比較不成比例。

《天相、紫微坐命者的事業運，請看紫相坐命的人之部份》
《天相、武曲坐命者的事業運，請看武相坐命的人之部份》
《天相、廉貞坐命者的事業運，請看廉相坐命的人之部份》

天梁坐命的人

天梁單星坐命時會依宮位不同，而有六種不同坐命的型式。如天梁坐命子宮，天梁坐命午宮，天梁坐命丑宮，天梁坐命未宮，天梁坐命巳宮，天梁坐命亥宮等六種坐命的人。

天梁坐命子、午宮的人，本命天梁居廟位。天梁為貴人星、蔭星、司壽祿為師格。居廟時，這些優點會顯現得多。其他的性格如固執，自負，孤高，霸道，有威嚴，外表厚重，也會強勢的顯現出來。他們也常會做自以為是很慈善的事情，性格非常頑固。

天梁坐命子、午宮的人，其遷移宮都是太陽，代表外在環境的明暗度。天梁坐命子宮的人，遷移宮的太陽是居旺的，因此外在的環境是陽光普照，一片大好的景象。天梁坐命午宮

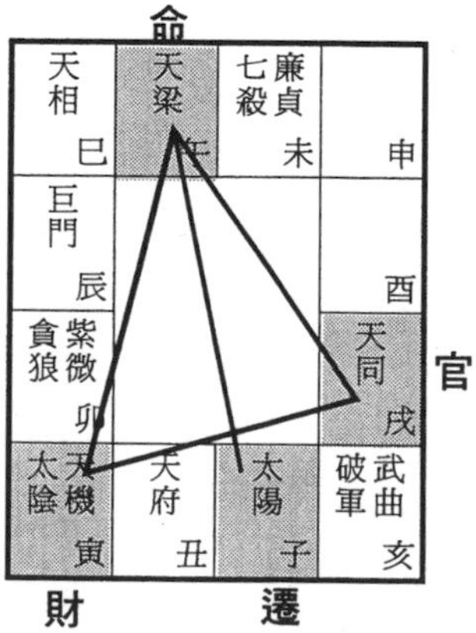

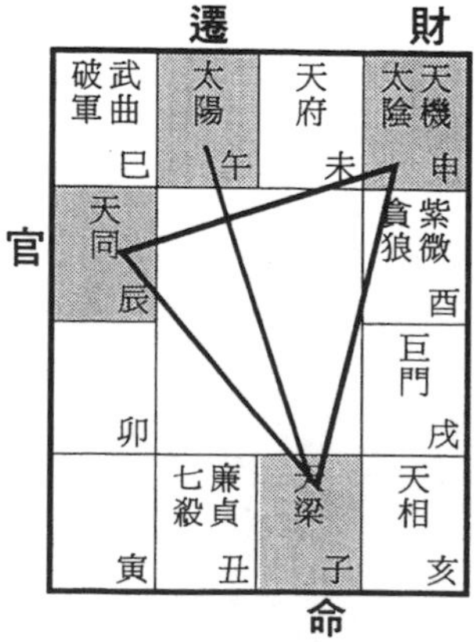

如何創造事業運

的人，遷移宮的太陽是居陷的，代表外在的環境較晦暗，必須經過一段長長的黑暗通道，才能到達明亮之處。天梁和太陽都屬於官星，同時這兩顆星也同屬於『陽梁昌祿』格的主軸星曜，因此天梁坐命子、午宮的人是必須擁有高學歷才會人生有發展，具有良好事業運的。

天梁坐命子、午宮的人，其財帛宮是天機、太陰，這是一種變化多端、陰暗不定的財運。天梁坐命午宮的人，有足夠的機智與聰明可得較多的錢財。天梁坐命子宮的人，對錢財的敏感力較差，所得的財富較少。他們的官祿宮都是天同居平。天同是福星，居平時就會勞碌。勞碌的福星就是福不全了。

天梁坐命子、午宮的人，從『命、財、官、遷』四個宮位看來，實際就是『陽梁昌祿』格和『機月同梁』格的共同結合。尤其是在命、財、官三宮形成三合。並有機、月、同、梁四星俱備。想不做公務員都難了。天梁坐命子宮的人。雖然外在的環境較好，但財帛宮的太陰財星居平陷之位，一生所得的錢財較少。而天梁坐命午宮的人雖然外面的環境較差，但財帛宮的太陰星居旺，一生可得較多的錢財。『命、財、官、運』四宮中所出現的財星也直接影響事業運。倘若在這四宮中都沒有財星、庫星出現的人，事業運的成就也同樣不高。一生可能只是白忙一場而已。

天梁坐命子、午宮的人，就害怕是生在甲年有太陽化忌在遷移宮，也害怕生在乙年和戊年，有太陰化忌和天機化忌在財帛宮，這樣一生都會煩惱、不順。李登輝總統是壬年生天梁化祿坐命午宮的人。在財帛宮還有左輔化科。『命、財、官、遷』有科祿相逢而成吉格。

李登輝總統的命盤

兄弟宮 天相 天鉞 天空 地劫 紅鸞 乙巳	命宮 天梁化祿 陰煞 解神 天福 〈身宮〉 丙午	父母宮 廉貞 七殺 火星 天刑 丁未	福德宮 封誥 戊申
夫妻宮 巨門 文昌 甲辰	陽男 水二局		田宅宮 鈴星 沐浴 巳酉
子女宮 紫微化權 貪狼 天魁 咸池 癸卯			官祿宮 天同 文曲 陀羅 庚戌
財帛宮 天機 太陰 左輔化科 天馬 壬寅	疾厄宮 天府 癸丑	遷移宮 太陽 右弼 擎羊 台輔 壬子	僕役宮 武曲化忌 破軍 祿存 天喜 臨官 天姚 辛亥

天梁坐命丑、未宮的人，命宮都是居旺的。當然就會具有貴人星、蔭星，受到蔭庇的好處了。其遷移宮是天機陷落，這是一種機會差，環境不好，資源不豐富，智慧、才能都不好的環境。並且常常會因變動而愈變愈壞，每下愈況的環境，其財帛宮是太陰。命坐丑宮的人，太陰星是居旺的，表示是一種慢慢積存的財富。財運還不錯。命坐未宮的人，財帛宮的太陰是居陷位的，表示其人對錢財的敏感力，以及理財能力都差，財很少，是窮困的。他們的官祿宮都是太陽。天梁坐命丑宮的人，擁有財源暗藏既富且多的財運，也同樣在事業運上也是前途大好。這是因為命盤中有『日月皆旺』的格局所致。太陽是官星，在官祿宮適得其所。天梁坐命未宮的人，官祿宮的太陽是居陷的，因此缺乏競爭力，喜歡隱居人背後，可以做幕僚人員，或幕後的工作。因為在財官二

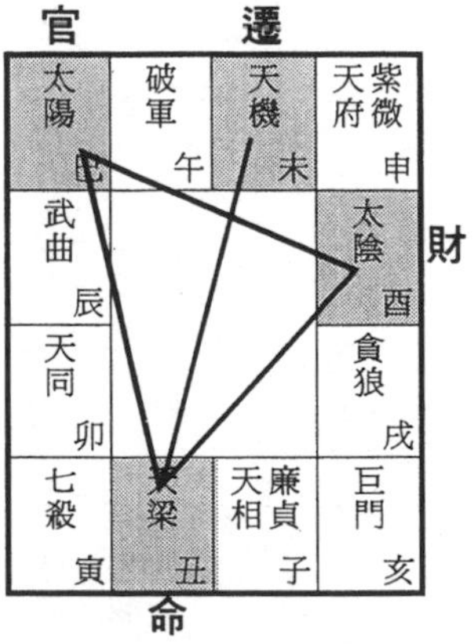

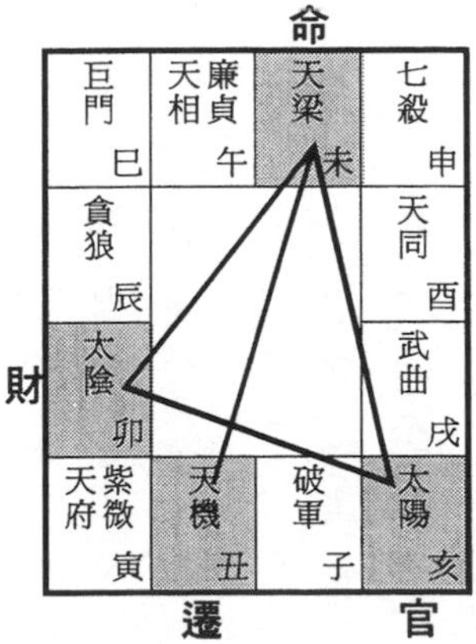

宮形成『日月反背』的格局，因此一生的運氣都會比天梁坐命丑宮的人差很多。

天梁坐命丑、未宮的人，從『命、財、官、遷』四宮來分析，同樣也是屬於『陽梁昌祿』格和『機月同梁』格所組合的命局。同樣也是做公務員的料。會讀書、具有高學歷的人，可首先掌握先機，成為事業運較高的人。

另外，天梁坐命丑、未宮的人還有其他天梁坐命者沒有的『武貪格』偏財運，這種好運可以幫助他們每六年一次多得財富，或發展事業運。因此天梁坐命丑、未宮的人，命宮主星雖沒有坐命子、午宮的人旺度高，在命格結構上卻是可以成為強勢的。

天梁坐命丑、未宮的人最怕甲年生的人有太陽化忌在官祿宮，也怕乙年生的人，有太陰化忌在財帛宮，更怕戊年生的人，有天機化忌在遷移宮，會有不順與災禍發生。最喜歡壬年生有天梁化祿在命宮，或己年生的人有天梁化科在命宮，在武貪格中又有化權、化祿，增加暴發運格的暴發力。

天梁坐命巳、亥宮的人，命宮中的天梁星是居陷位的，雖然也具有天梁坐命的人性格上的特徵，但天梁是蔭星、貴人星，落陷時便沒有貴人運和蔭福了。他們在先天的生長環境中便得不到很好的照顧與長輩的教誨。其遷移宮是天同居廟，天同是福星，居廟時奮發力就不足，形成懶散、愛好享受的環境。其財帛宮是太陽、太陰，表示是變化較多，陰晴不定的財運。天梁坐命巳宮的人，財帛宮中的太陰是居旺的，表示是財富暗積而成的財運。而天梁坐命亥宮的人，財帛宮的太陽是居得地之位的，太陰居陷，表示在財運方面要辛勤努力，但仍不會有大富的局面，只可以稍為平順而已。太陽是官星，太陰是財星，官星和財星同坐財帛宮，表示其人必須要努力做事，一定要有工作，才會有財祿。

天梁坐命巳、亥宮的人的官祿宮是空宮，因此事業運不強。有天機、巨門相照官祿宮，表示其工作還是必須運用智慧和專業技術才能達成的。天梁坐命巳、亥宮的人，多半做文職，在學術機構、文化機構中工作，做文書處理和相關事務性的工作，他們多半沒有事業上的企圖心，因此職位都不高。這主要也是其人在『命、財、官、遷』四個宮位中的星曜都是溫和的星，絲毫沒有兇

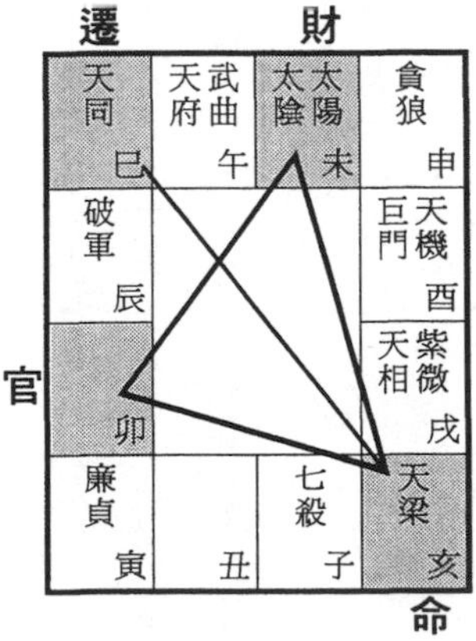

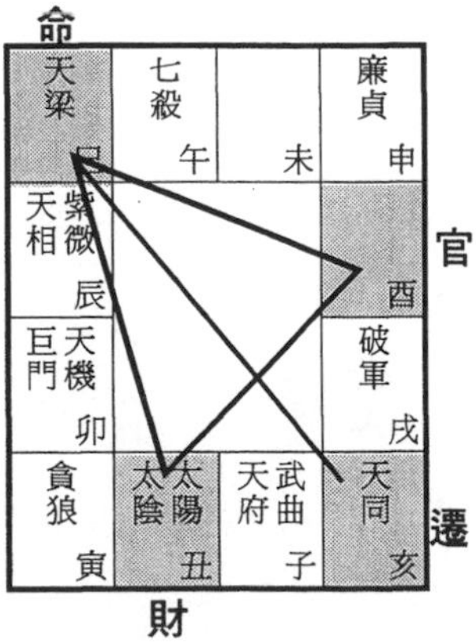

煞衝動的激烈競爭的成份在裡頭的緣故。

天梁坐命巳、亥宮的人，最怕是甲年生有太陽化忌，或是生在乙年有太陰化忌，這兩種情形都會使一生窘困。最好是生在丁年有太陰化祿在財帛宮，又有天同化權在遷移宮，女性就可以有少奶奶的命，天生享福，又有財祿了。男性也會是福祿兩全之人。

《天梁、天機坐命者的事業運，諸看機梁坐命的人之部份》

《天梁、天機坐命者的事業運，諸看機梁坐命的人之部份》

《天梁、天機坐命者的事業運，諸看機梁坐命的人之部份》

七殺坐命的人

七殺單星坐命的人，會依命宮所在宮位的不同，而有六種型式。如七殺坐命子宮、七殺坐命午宮、七殺坐命寅宮、七殺坐命申宮、七殺坐命辰宮、七殺坐命戌宮的人。

七殺坐命子、午宮的人，本命七殺居旺。代表其人有飽滿的衝動力，也有積極向外的打拚的智謀。七殺坐命子、午宮的人都有堅苦卓決的奮鬥力量，是常人所不及的。其遷移宮是武曲、天府，皆居廟旺之位。表示外在環境的資源豐富，像一個堆滿金銀的大財庫一般。七殺坐命子、午宮的人，多半在幼年身體不好，家中較窮困，或是父母不全，幼年時代不好過，因此會讓他們即早向外發展。外面環境的吸引力對他們來說是比較大的。其財帛宮為貪狼居平。貪狼是好運星，也是偏財星，當貪狼居平在財帛宮時，表示他們在金錢運的好運上並不強。坐在一個大財庫裡都拿不到錢財，這多麼痛苦呀！於是他們想出了一個辦法，用體力、勞力來換取財富。其官祿宮是破軍居旺。

破軍在官祿宮中代表著工作是必須辛勞出擊而成的，也代表工作內容是雜亂的、複雜的、爭鬥性強的。

七殺坐命的人，其『命、財、官』就是『殺、破、狼』的格局，因此事業的起伏很大。若要比

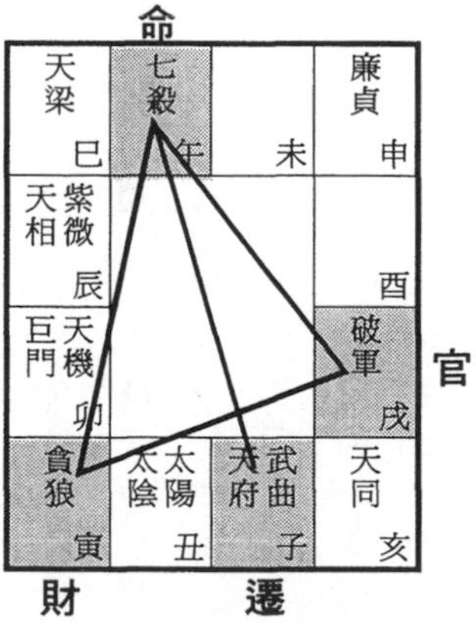

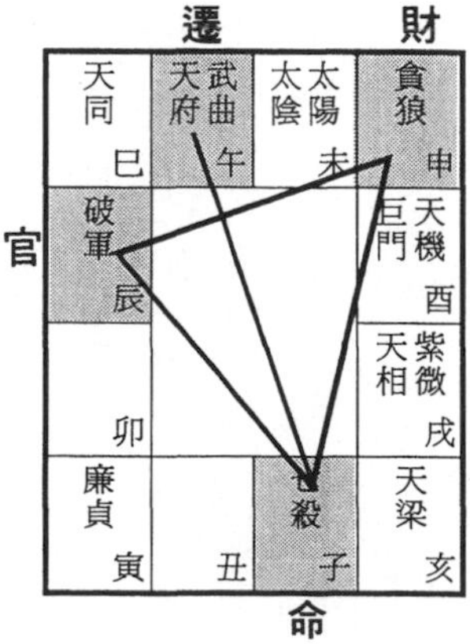

較事業成就的高低，不但要比較『殺、破、狼』的旺度，也要比較遷移宮中所代表的環境才可以通曉。七殺是煞星，破軍，貪狼也都屬煞星，煞星居旺，只能代表奮鬥打拚的能力，但卻不能知道爭鬥的結果。因此外在環境的好壞就很重要了。遷移宮是武府的，是打拚能力第一名，又能得到較多成就的人。遷移宮是紫府的，是打拚能力很強，可以得到一些成就的人。（紫微是官星、天府是庫星，這是兩種不相同的條件並存，不如財星入庫，直接能得到好處），遷移宮是廉貞、天府的，是打拚能力很強，但智能不夠強，也可以得到一些成就，但其事業運是比前面二種命格稍差一點了。

七殺坐命子、午宮的人，最怕壬年生的人有武曲化忌在遷移宮中，或是癸年生的人，有貪狼化忌在財帛宮中，這樣一輩子打拚就很沒意思了，辛苦了一生，財運還是不濟，也影響了事業運。宏碁電腦的老闆施振榮先生就是七殺坐命子宮的人，他從事電腦業開設工廠也很適合，因為官祿宮的破軍星，正代表著這一種零件多、雜亂性強、流動速度很快的行業。同時這也是個競爭性很強烈的事業。有破軍化權就能很輕易的掌握這些特性，成為同業中的姣姣者了。

宏碁集團施振榮先生的命盤

僕役宮 天同 文曲 巳	遷移宮 武曲化科 天府 午	疾厄宮 太陽化忌 太陰 天鉞 未	財帛宮 貪狼 申
官祿宮 破軍化權 陰煞 辰			子女宮 天機 巨門 文昌 酉
田宅宮 左輔 擎羊 火星 卯			夫妻宮 紫微 天相 天空 戌
福德宮 廉貞化祿 祿存 寅	父母宮 陀羅 天魁 丑	命宮 七殺 子	兄弟宮 天梁 鈴星 右弼 亥

七殺坐命寅、申宮的人，本命七殺居廟，也具有堅強好打拚、肯吃苦的個性。其遷移宮是紫微、天府。此人一出生，家庭環境就較好，較富裕，父母、兄弟都溫和有情。外面環境中的資源是豐富的。相對的他們對錢財的需求就不是那麼迫切了。遷移宮中的紫微是官星。代表他們對於名聲、地位是愛好者。因此他們在打拚努力的過程裡，是以名位為追求的目標。

七殺坐命寅、申宮的人，財帛宮是貪狼居廟位，官祿宮的破軍也居廟位，可以說『命、財、官、遷』都在廟位，命宮坐於申宮的人，是『七殺朝斗格』的人，其遷移宮的紫府皆在廟旺之位。七殺坐命寅宮的人是『七殺仰斗』格的人，其遷移宮中的紫府，紫微星雖居旺，天府在申宮只有得地剛合格的旺度。因此在『命、財、官、遷』整體的比較起來，七殺坐命申宮的人，一生的

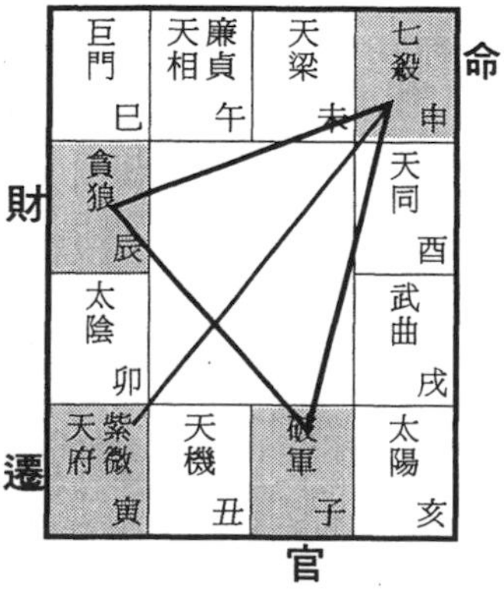

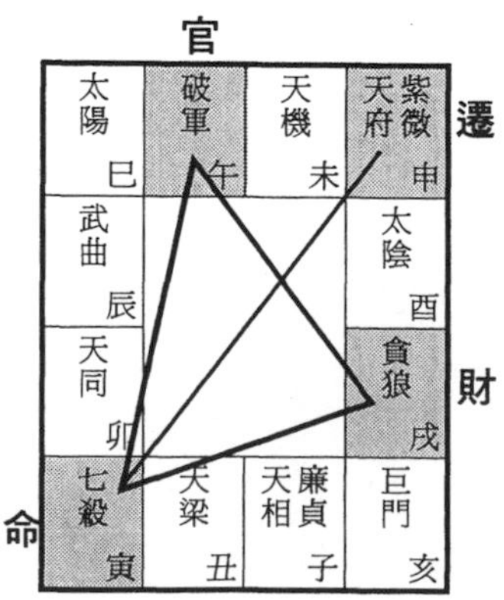

運程及事業運的成就是最高的。

七殺坐命寅、申宮的人，若是在軍警業中，他們都可做到較大的官位，在生活上也有舒適的享受。他們也很可能從事各行各業競爭性較高的行業。現在最前衛科技的行業就是電腦科技的行業了，在這個職場中最容易發現他們的。他們也會做中藥買賣，中醫的行業。也有在大眾交通系統工作的人。總而言之，都是具有專業技術及高薪、高財富的事業運。

七殺坐命寅、申宮的人，最怕生在壬年和癸年，壬年有武曲化忌在福德宮。癸年有貪狼化忌在財帛宮，沒有了財運，將會一生白忙一場。

七殺坐命辰、戌宮的人，本命七殺居廟。是打拚能力十足的人。其遷移宮是廉貞、天府。廉貞居平、天府居廟。代表聰明才智及企劃能力不足，只是會苦幹、實幹而已。其財帛宮是貪狼居旺，代表其人一生金錢運充滿著機會，好運連連，其官祿宮為破軍居得地之位。在工作的努力上並不如其他坐命者努力，這是和遷移宮中的廉貞居平有關係的。因想法的關係和所處環境的關係，在錢財方面的運氣好一點，因此就沒有需要在職位上太拼命了。七殺坐命辰、戌宮的人，遷移宮的廉貞屬於官星，官星居平，自然事業成就是沒有那麼高的了。而且他們也比較重視存錢和享受，自然在事業上的努力是稍遜一點了。

七殺坐命辰、戌宮的人，最怕生在丙年有廉貞化忌在遷移宮，也怕生在壬年和癸年，有武曲化忌相照官祿宮，或是有貪狼化忌在財帛宮，會一生有金錢的問題，也影響事業和人生。甲年生的人有破軍化權在官祿宮的人，打拚奮鬥的力量就很強了，事業也較有成就。戊年生有貪狼化祿在財帛宮的人，和己年生有武曲化祿相照事業宮，有貪狼化權在財帛宮的人，主富，也會形成良好的事業運。

《七殺、紫微坐命者的事業運，請看紫殺坐命的人之部份》

《七殺、武曲坐命者的事業運，請看武殺坐命的人之部份》

《七殺、廉貞坐命者的事業運，請看廉殺坐命的人之部份》

紫微在子

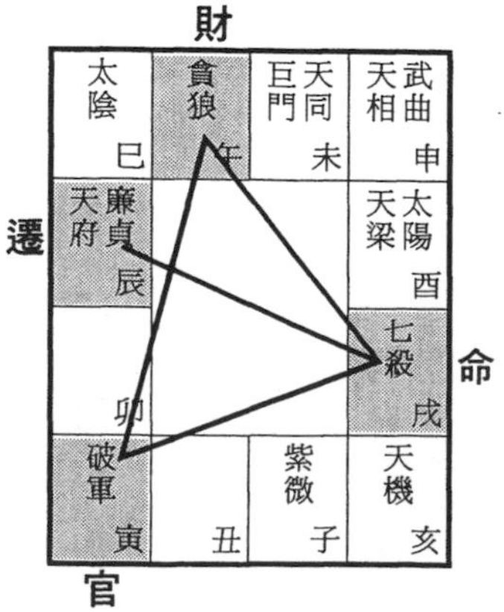

紫微在午

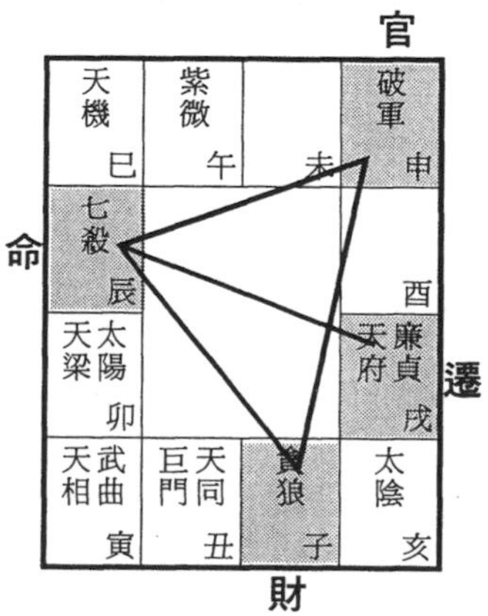

破軍坐命的人

破軍單星坐命的人，依命宮所在位置的不同，有六種不同型式。破軍坐命子宮、破軍坐命午宮、破軍坐命寅宮、破軍坐命申宮、破軍坐命辰宮、破軍坐命戌宮等六種不同命格的人。

破軍坐命子、午宮的人，其命宮主星破軍居廟，因此是幹勁十足、打拚力量強盛的人，他們在智能上也很能隨機應變，亦正亦邪，都能達成任務。此人的遷移宮是廉貞、天相。廉貞居平、天相居廟。這是一種只喜歡平靜享受祥和、福氣，而不願多用頭腦企劃，思考的環境，因此破軍坐命子、午宮的人，實則是自己非常強悍，而周遭卻是平和的環境，因此如魚得水，予取予求了。其財帛宮是七殺居廟。七殺在財帛宮中時都必須做得辛苦，要用努力和汗水來換錢財。七殺居廟

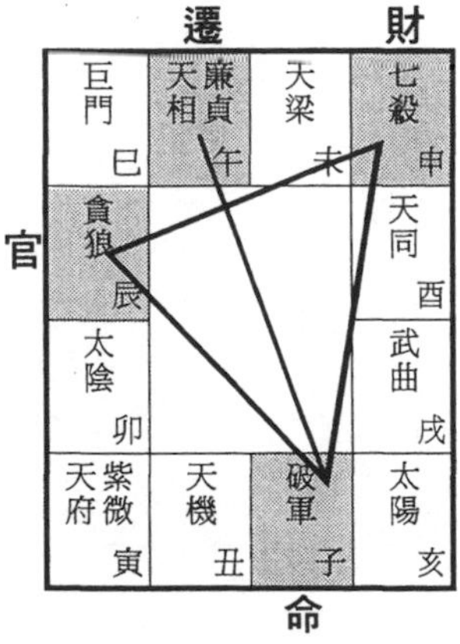

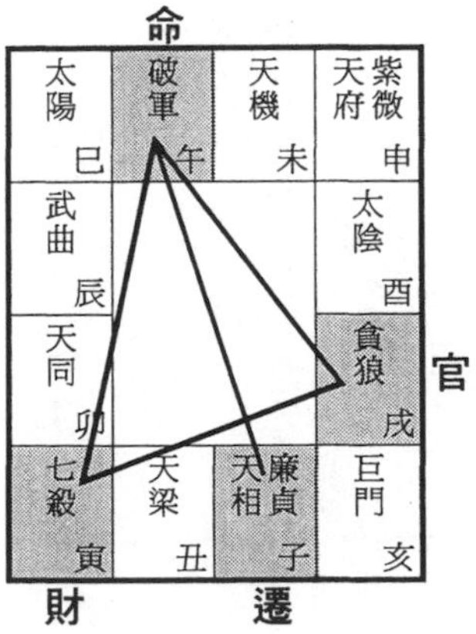

大陸領導人江澤民先生 命盤

僕役宮 巨門 祿存 癸巳	遷移宮 廉貞化忌 天相 擎羊 甲午	疾厄宮 天梁 天鉞 乙未	財帛宮 七殺 地劫 丙申
官祿宮 貪狼 陀羅 壬辰			子女宮 天同化祿 丁酉
田宅宮 太陰 辛卯			夫妻宮 武曲 火星 戊戌
福德宮 紫微 天府 天空 庚寅	父母宮 天機化權 文昌化科 辛丑	命宮 破軍 鈴星 庚子	兄弟宮 太陽 天魁 己亥

時，拚得很辛苦，財也是會較多一點的。其官祿宮是貪狼居廟。貪狼是好運星、偏運星，它和夫妻宮的武曲，形成『武貪格』暴發運。在官祿宮有暴發運，當然就有職位異外高陞的機會。貪狼居廟時，這種異外暴發的機會特別多，也是造成其人和平常人不一樣的命格和事業運。

破軍坐命的人之『命、財、官』就坐在『殺、破、狼』格局上。而坐命子、午宮的破軍坐命的人，其『命、財、官』皆居廟位，這是十分強勢的命格。此人必定會做爭鬥性激烈的工作，例如在政治圈、軍警類或是競爭激烈的生意等等。就像目前大陸領導人江澤民先生就是破軍坐命子宮的人。

破軍坐命寅、申宮的人，其命宮主星破軍只在得地剛合格之位。因此在破軍坐命的人裡，算是打拚不夠賣力之人了。其遷移宮是武曲、天相。武曲居得地剛合格之位，天相居廟。表示外在的資源還很富足，是小康的環境，而他就很愉快的享福了。其財帛宮是七殺居廟，其官祿宮是貪狼居旺。也是必須自已打拚努力才能有財富、有地位的金錢運和官運，在職業中運氣是非常好的。

從『命、財、官、遷』四個宮位看起來，就知道破軍坐命寅、申的人，事實上有小康的環境便已滿足，儘管運氣再好，他努力的程度是不想增加的。因此破軍坐命寅、申宮的人，最好的職業就是做軍警職了，或在與軍警相關的機構工作，或是

如何創造事業運

在政治圈的外圍工作，他們雖然運氣很好，但喜歡賺錢，因此無法在政治圈中做主流的工作。

破軍坐命的人，都不可做生意。因為破軍是破耗之星，在『命、財、官』三方又是殺星、又是貪星，這些兇煞之星都把財給嚇跑了。而且破軍坐命的財是劫財，存也存不住。他們很喜歡即時享福，先把財享受掉，以免財跑掉、漏失了。破軍坐命的人，對於理財很不高明，差不多都是用殺雞取卵的方法來強取，一下子就斷了財根。因此剩下的就只是破耗了。破軍坐命寅、申宮的人，雖然遷移宮中有一點財，（有武曲居得地之位），除非是庚年生的人，有祿存在命宮，又有武曲化權在遷移宮的人，可試試看做生意，其他的人都是破耗多，做生意不成功的。

※破軍坐命的人，最怕有文昌、文曲在命宮或遷移宮中，會有貧窮和水厄的問題。因此凡是破

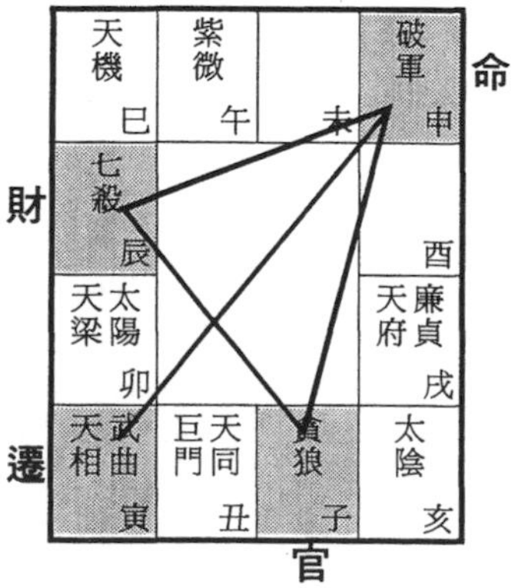

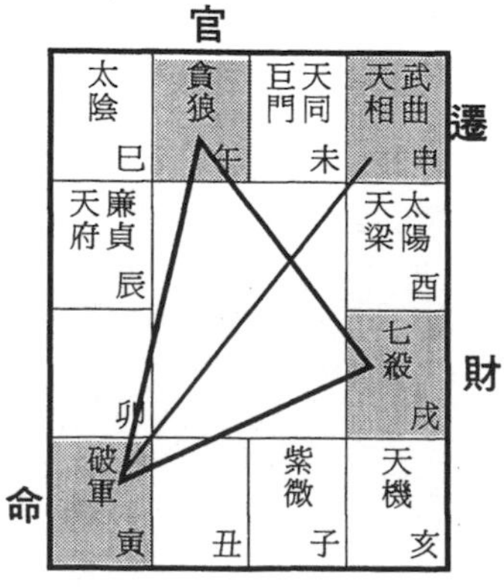

軍坐命子、午宮的人，皆不可生在寅時、辰時、申時、戌時。破軍坐命寅、申宮的人，不可生在寅時、辰時、申時、戌時。破軍坐命辰、戌宮的人，不可生在子時、午時。可免一生窮困的格局，其人才會有事業運。

破軍坐命辰、戌宮的人，本命居旺，是打拚能力強，富有幹勁的人。其遷移宮是紫微、天相。雙星皆居得地剛合格之位。表示其人的外在環境是高尚、溫和、平順的環境。外在的資源還很富足，算是小康的環境。其財帛宮是七殺居旺，官祿官是貪狼居平。錢財是仍需打拚才有的。在事業運中，因貪狼居平，代表運氣只是平平，因此多半的破軍坐命辰、戌宮的人，喜愛賺錢。更喜歡在政治圈中參與鬥爭的工作職務。因為遷移宮中有紫微官星之故，就因因為他們有紫微、天相這種好環境。

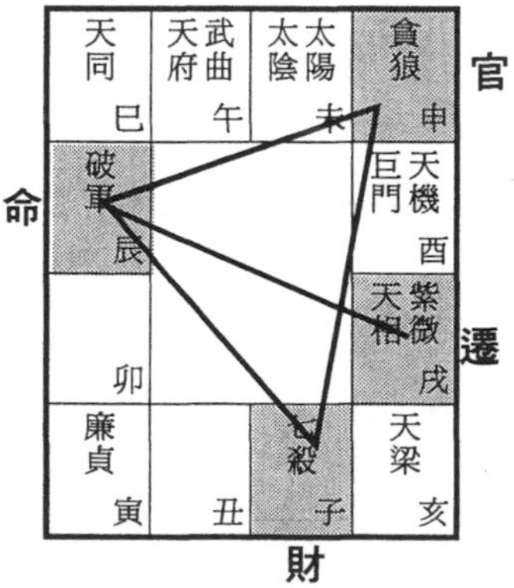

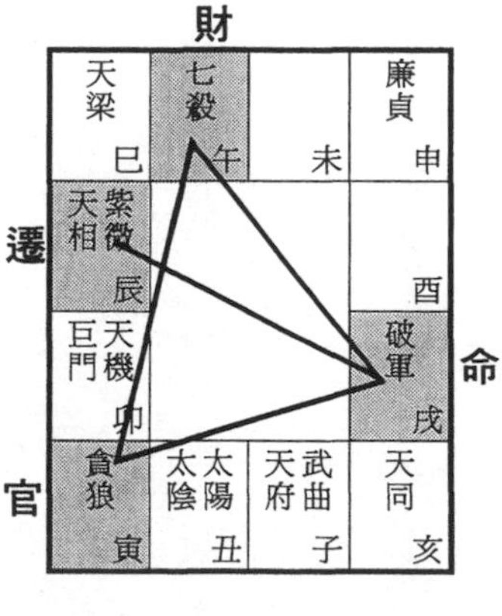

因此在人生的起跑點上比別人走得順利，所以在整體人生運勢中還是不錯的。考試院長許水德先生就是破軍坐命辰宮的人。

破軍坐命的人，一定要不停的動，不能做文職、靜守的工作，否則一生不順也沒有事業運。他們一定要不斷的衝刺、改革、破壞原有的、靜止的運程，才能夠創造更高的事業運。

破軍坐命辰、戌宮的人，若具有『陽梁昌祿』格的人，會更有事業運，一生的成就更高。

《破軍、紫微坐命者的事業運，請看紫破坐命的人之部份》
《破軍、武曲坐命者的事業運，請看武破坐命的人之部份》
《破軍、紫微坐命者的事業運，請看廉破坐命的人之部份》

許水德先生　命盤

父母宮 天同 右弼 天馬 封誥 癸巳	福德宮 武曲 天府 天姚 天魁 甲午	田宅宮 太陽化權 太陰 文昌化忌 文曲化科 乙未	官祿宮 貪狼 陀羅 天空 丙申
命宮 破軍 壬辰			僕役宮 天機 巨門化祿 左輔 祿存 台輔 丁酉
兄弟宮 丁卯			遷移宮 紫微 天相 擎羊 <身> 戊戌
夫妻宮 廉貞 天刑 天鉞 地劫 庚寅	子女宮 鈴星 辛丑	財帛宮 七殺 火星 庚子	疾厄宮 天梁 己亥

祿存坐命的人

祿存坐命的人。普通都歸類於空宮坐命。在十二個命盤格式中，共有十七種不同的命宮為祿存坐命方式。祿有星只會單星坐命於子、午、卯、酉和寅、申、巳、亥等八個宮位中，而不會坐命於丑、未、辰、戌宮。並且必須是命宮中沒有前面章節所介紹的主星時，命宮裡面只有祿存單星存在時，才稱做是祿存坐命的人。

祿存坐命的人的事業運，也必須看『命、財、官、遷』四個宮位的吉凶，和宮位裡星曜的旺度來決定的。只要把『命、財、官、遷』四個宮位的聯線組合作透徹的分析，事業運自然可以明瞭了。

祿存坐命的人，由於是財星坐命。這個財星並且是勞碌的財星，要打拚，要身體勞動，付出血汗，才會有財。因此在祿存坐命的命格中，『機月同梁』格是必定存在的了。倘若再有『陽梁昌祿』格，就一定會有很高的事業運。但是有『陽梁昌祿』格的祿存坐命者，實在太少了，因為他們多半是幼年家境不好，或是與父母緣淺，在出生時辰上有問題，而形成空宮坐命、祿存坐命的人。因此祿存坐命的人，只要不灰心，好好努力並且創造自己的『陽梁昌祿』格，多讀書，參加國家檢定特考，便可以有壯大的事業運了。

文昌、文曲、天魁、天鉞坐命的人

文昌、文曲、天魁、天鉞坐命的人，基本上也屬於空宮坐命的人，這是因出生時辰所形成的，在觀看其人之事業運時，也必須先看其遷移宮的星曜，再找出財、官二宮的星曜，以『命、財、官、遷』四宮的聯線組合做判斷事業運的根據，自然可以一目瞭然。

例如章孝嚴先生是文曲化科、祿存坐命的人，遷移宮是天機、巨門化祿、鈴星。財帛宮是天梁陷落、文昌化忌。官祿宮是太陽陷落化權、太陰。『命、財、官、遷』有祿、權、科、忌，四個化星全數到齊，財運不好，只有走官途了，還好有『陽梁昌祿』格和『機月同梁』格。但是『陽梁昌祿』格有瑕疵，因為受天梁陷落和文昌化忌的影響，事業運還必須靠流年運程來幫扶才行。

章孝嚴先生的命盤

財帛宮 天梁 文昌化忌 癸巳	子女宮 七殺 天魁 天空 甲午	夫妻宮 左輔 右弼 26-35 乙未	兄弟宮 廉貞 陀羅 火星 16-25 丙申
疾厄宮 紫微 天相 地劫 壬辰	火六局		命宮 文曲化科 祿存 6-15 丁酉
遷移宮 天機 巨門化祿 鈴星 辛卯			父母宮 破軍 擎羊 戊戌
僕役宮 貪狼 天鉞 庚寅	官祿宮 太陽化權 太陰 辛丑	田宅宮 武曲 天府 庚子	福德宮 天同 己亥

左輔、右弼坐命的人

左輔、右弼坐命的人，屬於空宮坐命的人，若要看其人事業運的吉凶，必須將『命、財、官、遷』四個宮位來做聯線討論。

例如李遠哲博士就是左輔坐命卯宮的人，其遷移宮是天機化權、巨門。天機、巨門皆屬廟旺之位。天機代表智慧。巨門有是非爭鬥的含意，機巨同宮時，是具有專門技術，學問的環境，有化權在遷移宮中，則表示能主掌這種環境，並且可掌握環境中快速變化的企機。他的財帛官是天梁居陷、右弼、天魁、天馬。天梁是官星，是『陽梁昌祿』格中重要的主角之一，官星卻存在於財帛宮，又居陷位，代表既不主財，財運又不好。對於金錢的敏感力差，理財能力也不行。官祿宮有太陽、太陰。太陽官星是居旺的，太陰財星是居陷的。因此事業以名譽地位為主，是遠離金錢、財運的事業。

在這個命盤格局中，從『命、財、官』三合宮位是『陽梁昌祿』格。而『夫、遷、福』三合宮位形成『機月同梁』格。因此在公家機關做研究工作不但是他適合的工作，也更是他必走的路途了。

如何創造事業運

中央研究院院長李遠哲先生 命盤

<table>
<tr><td>福德宮
天同化祿
祿存
巳</td><td>田宅宮
武曲
天府
午</td><td>官祿宮
太陽
太陰
未</td><td>僕役宮
貪狼
鈴星
申</td></tr>
<tr><td>父母宮
破軍
陰煞
辰</td><td rowspan="2" colspan="2">陽男
木三局</td><td>遷移宮
天機化權
巨門
酉</td></tr>
<tr><td>命宮
左輔
天才
卯</td><td>疾厄宮
紫微
天相
戌</td></tr>
<tr><td>兄弟宮
廉貞化忌
文曲
寅</td><td>夫妻宮
丑</td><td>子女宮
七殺
文昌化科
火星
子</td><td>財帛宮
天梁
右弼
天魁
天馬
亥</td></tr>
</table>

擎羊、陀羅、火星、鈴星坐命的人

擎羊、陀羅、火星、鈴星坐命的人，都屬於煞星坐命的人。雖然命格主星都很強勢，但還是屬於空宮坐命的人。因為它們都是出現在十二種基本的命盤形式中的空宮之中。

擎羊、陀羅和祿存一樣，屬於干系星，是由年干所形成的。而火星、鈴星是時系星。它們和文昌、文曲一樣，是由出生時所形成的。

擎羊單星坐命時，只會坐命在子、午、卯、酉、辰、戌、丑、未宮，而不會出現在寅、申、巳、亥宮。陀羅單星坐命時，只會出現在寅、申、巳、亥、辰、戌、丑、未宮，而不會出現在子、午、卯、酉宮。

擎羊、陀羅坐命者的事業運依然要從『命、財、官、遷』四個宮位來論斷。命宮所坐之宮位，直接影響主星的旺弱程度，羊陀在辰、戌、丑、未居廟坐命的人，遷移宮中也有居廟位的星曜的，為最強的命格。例如擎羊坐命丑宮或未宮，有武貪居廟相照的命格，做軍警職、外科醫生、做強悍的事業以及操刀見血光的職業，都是最能勝任愉快的。此命格的人，也有在司法單位任職，也可以創造出自己的事業運。擎羊坐命的人，比陀羅坐命的人聰明，精明得多，學習能力非常強，因為愛計較，學歷也會比較高。倘若命格中再有『陽梁昌祿』格的人，做司法官、外科醫生都能具有崇高的地位。

陀羅坐命的人，比擎羊坐命的人更固執，並且思想扭曲、多變化、常有想不開，錯也要錯到底的任性。他們在思考上，做事上都比較慢，也沒有企劃的能力，屬於比較笨的人，學習能力很差。一生中常會因為自己的一念之差害自己很深，但是他們卻不會反省，總是將責任歸於別人，怨怪別人，把自己塑造成悲劇英雄，自憐自艾。但是人生最終的結果還是要自己去承受的，就是怪罪別人，也更改不了失敗的事實。

陀羅坐命的人，做軍警業最適合了，若命局中有暴發運格，升官更快，可創造極大的事業運。其次是做與金屬類有關的行業，例如在鐵工廠、汽車修理廠、電子配件、五金工廠類工作。也有做屠宰業，和喪葬業的，這兩種行業都是必須在『命、財、官、遷』中煞星太多，羊陀火鈴、殺、破、劫空、化忌、俱全時會產生的事業運了。

被稱為『東北王』的張作霖先生就是陀羅坐命寅宮的人，現在我們來看看他的命盤。

張作霖先生是陀羅、天姚坐命的人，外號『矮陀子』，在東北人中是非常矮壯的了，合於命格。他的遷移宮中有天同、天梁化權。財帛宮是太陽、火星。其官祿宮是巨門居旺。由命、財、官、遷四個宮位形成，在爭鬥變化中而掌握主控權力的強勢能力。輔助的能夠更強，在夫妻宮有天機化祿，福德宮有太陰化忌、擎羊。在『夫、遷、福』三合宮位中，權、祿、忌相逢，並且形成『機月同梁』格。另外他還有『鈴廉貪』的暴發運格，並且他是乙年生的人，大運逆行，剛好都行運在命盤中最好的宮位，因此在那個時代能成為一代豪傑的人物。

火星、鈴星坐命的人，是衝動、速度感很快的人。鈴星坐命的人比火星坐命的人聰明、陰險。但兩者都屬於煞星坐命，又都是在十二個命盤主要的格式中有空宮出現，而命宮又坐於其中時，才會形成。因此他們也是屬於空宮坐命的人。

火星、鈴星坐命的人要看事業運，也是要以『命、財、官、遷』四個宮位中所存在的星曜來做比較和判斷。更要找出命裡格局中是屬於『機月同梁』格，還是屬於『陽梁昌祿』格？或是兩者都有？這樣就能訂出人生事業的高低了。

火星、鈴星坐命的人，比別的命格條件都好，就是他們極容易形成『火貪格』、『鈴貪格』、『武鈴貪』格的暴發運格，這在事業運上有突發暴起的好運，可快速成功。但是運過了以後，若不能本身具有良好的本質條件繼續保持，就很容易造成事業運下滑和暴落的危機。

張作霖的命盤

田宅宮 廉貞 貪狼 文曲 左輔 〈身宮〉辛巳	官祿宮 巨門 壬午	僕役宮 天相 台輔 癸未	遷移宮 天同化權 天梁 天鉞 甲申
福德宮 太陰化忌 擎羊 庚辰	光緒元年2月12日丑時		疾厄宮 武曲 七殺 文昌 右弼 乙酉
父母宮 天府 祿存 己卯	土五局		財帛宮 太陽 火星 天刑 天空 丙戌
命宮 陀羅 天姚 戊寅	兄弟宮 紫微化科 破軍 己丑	夫妻宮 天機化祿 陰煞 天魁 地劫 戊子	子女宮 鈴星 丁亥

此外，因為火星、鈴星在寅、午、戌宮是居廟地，在巳、酉、丑宮居得地之位，這些星曜算是合格在旺位的，坐命於此的人，命格會較高一點。而火星、鈴星在子、午、卯、酉、辰、申為陷落，是殺氣較重的命格。

火星、鈴星都適合做軍警業和競爭力強的行業，不適合坐辦公室和文職，否則會不順，也做不長。做軍警業可立戰功。他們普遍因為速度快，做事沒長性，善變，一般是很難建立事業的。

地劫、天空坐命的人

地劫、天空坐命的人，也是空宮坐命的人。必須以『命、財、官、遷』來訂出事業運的高低。

地劫坐命的人，最常見的命格是坐命於巳、亥宮，對宮（遷移宮）是廉貞、貪狼。也就是屬於『紫微在丑』、『紫微在未』命盤格式的人了。這個命格以做軍警業為佳。這個命格其實是和廉貪坐命的人一樣具有相同的『命、財、官』格局的，因此參照廉貪坐命的人的事業運就可以了。

※空宮坐命的人，都以對宮（遷移宮）的主星為主要論命基礎，因此事業運的論斷，

也以遷移宮所代表的星為坐命之星，但是『命、財、官』宮位的算法，仍是以命宮空宮所在之位，逆時針方向數，第五個宮位為財帛宮，第九個宮位為官祿宮。

如何創造事業運

天空單星坐命的人，非常少。那是命格中時空所造成的空亡的問題。在天空坐命的命格中，最有名的格局就是『萬里無雲格』。這是一種博愛無私的貴格。恰恰好　國父孫中山先生就是這個命理格局的人，因此做為一個偉人，被尊為『國父』，就不是沒有原因的了。

國父孫中山先生是天空坐命酉宮的人，『命、財、官、遷』四宮中，遷移宮有太陽、天梁化權、祿存全是居廟旺之位。而財帛宮有天機化祿、火星、天馬。天機雖居陷，但有化祿，隨時能有意外之財。火星在財帛宮也主意外之財。天馬是奔波而得財的財星。官祿宮是天同、巨門俱陷落，又有左輔、右弼，事業職位都做不長，但有左右手朋友，屬下的幫助。我們也可在他的一生中發現，他在很多職務上都是做不長的。在　國父孫中山先生的『命、財、官、遷』中，有權祿相逢，也有『陽梁昌祿』格。天空坐命的人，本身對錢財視為浮雲，不計較，並且他又會具有陽梁坐命的人豪邁灑脫的性格，再加上財帛宮流動得太快，官祿宮的是非糾葛，因此他的事業運是忙碌了一生，都是為別人忙，自已還是劫然一身終不悔的。

國父 孫中山先生的命盤

財帛宮 天機化祿 火星 天馬 巳	子女宮 紫微化科 文曲 天刑 午	夫妻宮 未	兄弟宮 破軍 天鉞 文昌 申
疾厄宮 七殺 擎羊 辰	陰男 水二局		命宮 天空 酉
遷移宮 太陽 天梁化權 祿存 卯			父母宮 廉貞 天府 戌
僕役宮 武曲 天相 陀羅 寅	官祿宮 天同 巨門 地劫 左輔 右弼 丑	田宅宮 貪狼 鈴星 天魁 子	福德宮 太陰化忌 亥

第二章 如何利用輔宮力量來增強事業運

在檢驗人生中的事業運的時候，最重要的就是『命、財、官、遷』四個宮位了，它們是主導人生一生的動向，和成就高低的指標。在人的命盤中除了這四個宮位以外的八個宮位，我們都暫時將其稱為輔宮，這是由事業運和人生成就運作的角度來看待的。這些輔宮中的星曜，雖說並不直接衝擊事業運。但是『命、財、官、遷』為人生的支柱，為骨架，而這些輔宮，就成為支脈或血肉，是可以豐富潤飾、包覆整個生命體的物質，因此也不能忽視它們的重要性了。

現在就以三合宮位的方式來談談『夫、遷、福』、『兄、疾、田』、『父、子、僕』等宮位對人生事業運的幫助。

第一節　如何利用『夫、遷、福』三合宮位來增加事業運

在前面的章節中，我們已經把遷移宮規劃到『命、財、官、遷』四個連線組合的宮位裡面去了。主要是因為遷移宮太重要了，它不僅是形成一個人生命體存活的環境的好壞，同時顯示出養活這個生命體的資源和養份的多寡，也會顯示出這個環境中的晴雨陰霾的天氣形態出來。因此是個影響力深遠的宮位。

遷移宮中有武曲、天府、太陰、祿存等財星居旺的星入坐時，便是資源和養分充足的環境，相對的，遷移宮中有太陰陷落，天機陷落，廉破、武破、廉貪等星曜時，便是資源缺乏，養份稀少的環境了。當然，一個人或生命體身處於這樣的環境是非常不舒服，也會變態生長的。

說遷移宮中的資訊會傳達天氣的形態，也是非常確切的事情。例如遷移宮中有太陽居旺的星曜時，便是萬里無雲的好天氣，此人就會有開朗、旺暢的心情和好精神。倘若遷移宮中是太陽陷落，此人就會有鬱悶不開朗，多雲霧陰霾的天氣環境了，一生也會內斂而精神萎靡、常想放棄的人生態度了。

如何創造事業運

夫妻宮是相照官祿宮的宮位，對官祿宮（事業運）有直接的影響。在人的『命、財、官』三合宮位中需要官星、財星、庫星、祿星、福星。才能財官雙美。在人的夫妻宮中同樣需要這些，才會得到事業上好的輔助能量。倘若夫妻宮中有煞星存在，也會直接衝擊官祿宮及事業運。因為夫妻宮不僅代表的是配偶的資料內容。同時也代表著自己本身感情智慧的內容與架構。夫妻宮不好的人，就是感情智慧不佳，表達感情的能力有問題，接收感情的能力也有問題。而官祿宮是代表做事的能力與智慧的宮位。感情智慧不佳的人，縱使做事能力再好（官祿宮再好），但處理問題的方法總是有瑕疵的，因此做事的能力也會被懷疑而劃上問號的。通常在夫妻宮中有七殺、破軍、貪狼這些將星的時候，這些人的官祿宮都是非常好的，官祿宮會是紫府、武府、紫相、廉相、紫微、武曲這些強勢的星曜。這也就是說：這些人內在強悍的感情智慧，驅使他們在工作上得以發揮。

可是夫妻宮中有羊、陀、火、鈴時就不一樣了。因為羊、陀、火、鈴具有邪惡、破壞、毀滅的本質，它們是惡質多一點，良善的本質少一點的星曜，因此造成的殺傷力也較大，對事業運的衝擊力也大了。

事實上每一顆星，不管是吉星、福星、善星、蔭星、耗星、囚星、暗星、殺星、煞星、運星。其實在每一顆星曜的本質裡，都有良善的一面，和邪惡的一面。良善

如何創造事業運

的部份多的，就稱之吉星、福星。良善成份少的，對我們人生中利益少的，傷害力大的，我們就稱之為煞星。就像是擎羊星就很引起爭議。

擎羊星有聰明、多智謀（陰險）、衝動、速度快、幹勁十足、愛計較（因愛與人比較、競爭，而力爭上游），這是屬於好的一面。有殺傷力，有血光、愛報復人、多鬼計、好爭，這是惡質的一面。但在現今的工商業社會中凡事都要競爭，於是很多對於具有擎羊星反而抱有很大的希望，希望借由擎羊星的陰狠本質而達到致勝的目的。因此現代的人，對擎羊星的容忍與崇拜，使很多喜歡命理的人，對之有不同的解釋了。有人稱之為『化煞為權』的星曜。也因此它也不再那麼受人憎恨了。

但是不管怎樣，有羊、陀、火、鈴在感情智慧的世界中，再計較，再掌握住權力，仍然是會使自已情感受傷的真實情況依然是存在的，也是無法改變的事實。

福德宮是人生資源的資料庫，也是人生資源養分的倉庫。福德宮與財帛宮相照，財帛宮是每一個人生命體的養分、營養素。倘若福德宮的資源不夠豐富，就會影響到生命體養分的供給。財運不好，人生活就會辛苦，人生的形態也就不好。事業運自然也不好。

福德宮既然是生命體資源養分的倉庫。最好就是在福德宮有財星居旺的命格，像是有武曲、武府、天府、太陰居旺，都是資源豐富、天生好命的人。福德宮中有

如何創造事業運

官星的人，都是『機月同梁』格的人，必須天天上班、努力以薪水階級、積存錢財才能致富的人，他們一生較平穩、事業運運行的緩慢，一生中的財富比較起福德宮中有財星的人，是較少的。例如機巨坐命的人，福德宮是天梁官星，本身屬於『機月同梁』格，一定要做公務員或薪水族，無法自己開業做生意，他們的事業形態只有兩條路。一條是做專門技術性的工作和學術研究，另一條就是做軍警業。這兩條路都是必須靠別人來發薪水的。自己所做的研究縱然賺再多的錢，也必需經由別人分配後，才有小部份到此人的手中。

福德宮有運星的人，例如福德宮有貪狼好運星的人，人都比較貪心，因為他們的命宮內都必然會有一顆天府星，天府星是財庫星，要把外界一切的財源歸之入庫，歸為己有，因此比較貪心。例如紫府坐命的人，福德宮是貪狼。天府坐命的人，福德宮有紫貪、廉貪等等。

福德宮有庫星天府的人，是非常喜愛享福的人。因為這些人的命宮中都會有一顆破軍星。破軍是耗星、是戰將。他們生活中的資源處於屬於中下等的環境，想要多得，使必須出外打拼，這是一種掠奪的方式。我們從其財帛宮是七殺，官祿宮是貪狼，就知道破軍坐命的人的事業運就是用一種屬於強悍、殺氣騰騰的方式，再靠一點好運氣，而爭戰成功。當然所掠奪的財物，是收之在自己的財庫，供自己享用的。因此福德宮是天府。有了錢財之後，當然就愛享福了。同時他們也是以此慰勞自己的辛苦打拼。

『夫、遷、福』這一組三合宮位，遷移宮是直接參與了事業運的基因工程之中。而夫妻宮則利用了感情及情緒因素間接主宰了事業運。福德宮則是對事業運成果的檢驗測驗的指標。也就是說：在人生的命格中，有了『命、財、官』的條件因素，再加上『夫、遷、福』的條件因素，一個人的事業運已大致形成了，因此『夫、遷、福』三合宮是直接影響事業運的最大的輔助力量了。它佔總體輔助力量的百分之五十以上。

第二節　如何利用『兄、疾、田』三合宮位來增加事業運

『兄、疾、田』指的就是兄弟宮、疾厄宮、田宅宮。『兄、疾、田』三個宮位會形成六十度角度的三合宮位。這一組三合宮位實際上是和家族及財富有重大關係的，並且也具有遺傳因素，它和奮鬥力、持續打拼的能力也有關連。

兄弟宮緊臨命宮，『兄弟如手足』，以此來形容兄弟宮最恰當不過了。兄弟宮就是輔助命宮的重要宮位。譬如說有『日月夾命』貴格的人，就必須在兄弟宮、父母宮有太陽、太陰居旺的格局，才能相夾命宮，輔助命宮。武貪坐命丑宮的人，就有這種貴格，兄弟宮中有太陰、天同。父母宮中有太陽、巨門。而太陽、太陰都是居旺的形式。因此武貪坐命丑宮的人，大多會有昌盛的事業運。如蔣宋美齡女士就是其中之一。

疾厄宮是每個人身體接受家族性先天基因的傳承。疾厄宮管的是人身體健的問題，健康也是每個人事業運中的資源養分。身體強壯的人、精力充沛、奮鬥的力量十足。身體的養分夠，智慧力量也會增高，賺的錢財也會比較多，因此疾厄宮也會

直接影響到『命、財、官』等宮位的。

相對的，健康狀況不佳的人和身體有殘障的人，是直接影響到『命、財、官』的人了。

如何創造事業運

在命理學中，把一個人的身體當做一幢房子，而疾厄宮就是這幢房子的表相狀況。通常生命體還活著，但是健康情形不佳的，稱做『富屋貧人』。就是意指生命資源已經枯竭窮困了，而空有一付皮囊（身體）而已。因此疾厄宮所顯示的就是生命力強弱的資源問題。

田宅宮，一般人都稱之財庫。其實他是『物質』條件的財庫。而福德宮是『精神』條件的財庫。在物質條件的財庫裡，不但可以顯示剛出生時就能得到物質資源，就連一輩子自己所努力奮鬥而得到的財富也能顯示出來，田宅宮是人一生的寶庫。

田宅宮是積聚人這個生命體資源養份儲存的地方。當然人的才華、智慧也會儲存在這裡。田宅宮有吉星的人，內在的心緒平和，處理事情會圓融，財富也會多一點。

在『兄、疾、田』這一組三合宮位，是屬於人的資源擁有的宮位，以有財星居旺在其中為最佳格式。有官星在其中為次之。有運星在其中較差。因為資源是不需要運星來製造波動的，否則為不吉。也因此『兄、疾、田』等三合宮位最好是有穩定的星曜、居旺的星曜來幫助輔佐我們的人生和事業運了。

倘若在『兄、疾、田』三合宮位中有煞星介入，表示資源受到傷害而減少，人的奮鬥力也會減少。有這樣情況的人，可以另外藉助其他三合宮位的吉運力量來輔助事業運。

第三節　如何利用『父、子、僕』三合宮位來增加事業運

『父、子、僕』三合宮位，其實也算是生命體養份資源之一的宮位。父母和子女和我們，都是在一條直線下延續遺傳因子的直系血親。同時智慧、才華也和遺傳因子一樣一起遺傳。因此父母宮和子女宮對我們的影響也是何其之大了。『子女宮』通常是具有才華展現特質的宮位。子女宮裡的星曜，就是表示人之聰明才智的特質的資源。這也和事業是具有重大關連性的。僕役宮和兄弟宮相照，同時也是緊臨官祿宮的左右手。所以呀！要做事業，一定要找朋友幫忙，也一定要得到部屬的支持才可。

『父、子、僕』所代表的是人事上的資源。既然是資源，就要以財星入坐，為最佳的輔助力量了。其次才是官星入坐。運星在『父、子、僕』的三合宮位中出現時，並不太好。人事資源是不喜歡運星所帶有的變動力量的。

此外有『陽梁昌祿』格在『父、子、僕』三合宮位出現，是非常吉祥的輔助事業運的力量。因為太陽、天梁、文昌、祿星都是吉星，在人事資源上都會有增多及

平順的情況。當流年經過『父、子、僕』的宮位時，也就是事業旺運的時刻了。

有『機月同梁』格在『父、子、僕』三合宮位出現時，要看天機、太陰、天同、天梁這幾顆星的旺弱來決定其資源的大小。倘若居旺的星在兩顆以上，事業運還是會有較好的發展。倘若居旺的星太少，只有一個，便無法在事業運上得到輔助。不過仍然是平和的流年運程罷了。

有『殺、破、狼』格局在『父、子、僕』三合宮位時，這種輔助資源是有瑕疵，可能也是不好的資源了。因為七殺、破軍、貪狼都屬煞星。這些星若再落陷，情況更差，是無法輔助事業運的。只有貪狼在居旺時，會給事業運帶來好的轉機，但在人事資源上仍是不豐富的。

因此真正只有『陽梁昌祿』格在『父、子、僕』三合宮位中，是真正以此對事業運有助力的了。

如何創造事業運

要利用輔宮力量來增強事業運，其實就是要以命盤做全盤的檢討。先找出命盤中好的格局處在那一組三合宮位之中，再看吉星在那一組三合宮位之中。同時也要看惡格在那一個三合宮位之中，煞星在那一組三合宮位之中。還要看造成變化的格局『殺、破、狼』格和星曜運星（天機、貪狼）在那一組三合宮位之中。以彼此之間的對峙比較，和相照相沖的角度位置做一個評估。最後再以流年運行的順序做一個評估。自然就可得到一個結果，那就是輔宮力量增強事業運的結果了。

第三章

『陽梁昌祿』格局所引發對人生運程和事業的影響及利用

在所有人類一生的好運中，會有四種骨幹似的格局來支撐命運的的結構。那就是『陽梁昌祿』格、『機月同梁』格、『殺、破、狼』格局、暴發運格局。

在某些人的命格中，並不見得全部會具有這四種格局，但最少也會具有『機月同梁』格和『殺、破、狼』格局。像是『紫微在丑』、『紫微在未』命盤格局的人，就很難形成『陽梁昌祿格』和暴發運格。因此在他們的命格中就只包含兩種命格了。

某些人也會具有這四種格局中的其中三種。而『機月同梁』格和『殺、破、狼』格局，這兩個格局就是在每個人命運中最基本的主要格局，是不會缺少遺漏的。

但是倘若是四個格局都有的人，那絕對是事業運層次最高的人。舉凡世界上有名的政治家、大企業家、各行各業事業有成就的人，差不多都是具有四種格局，同時共存於命格之中的。要不然也絕對不會少於三個格局之多。而事業成功者的命格中，據我多年的研究分析得知，是從來不曾少了『陽梁昌祿』格的。這就是為什麼我要以這個『陽梁昌祿』格做為首要對人生事業影響的第一個要談的重要格局了。

第一節　本命會有的『陽梁昌祿』格對人生事業的提升與應用

『陽梁昌祿』格是由命盤中的太陽、天梁、文昌、化祿、祿存所共同組成的格局。在每個人的命盤中都有這五顆星，但由於五顆星存在的角度不一樣，因此有的人有『陽梁昌祿』格，而有的人則無法形成。

『陽梁昌祿』格必需是由上述五顆星，其實只有四顆星組成，祿星只要有一顆化祿或祿存就可以了。而太陽、天梁、文昌星是必不可少的。四顆星同時出現在命盤中的四方三合的地帶就可形成。有的人的『陽梁昌祿』四顆星同在一個宮位中也是，例如『紫微在子』、『紫微在午』命盤格式的人，太陽、天梁同在卯宮或酉宮，倘若有太陽化祿、或是天梁化祿，再有一顆文昌星居於卯宮或酉宮，就是非常漂亮的『陽梁昌祿』格了。台北市長馬英九先生就具有如此的『陽梁昌祿』格。

有關『陽梁昌祿』格的形成與星曜各種角度的組合情況，請看我所寫的另一本書《好運隨你飆》，其中有詳盡的解釋與格局圖形解說，在此此不再重複贅言。

『陽梁昌祿』格是提升人生層次和事業層次的重要格局。太陽、天梁是官星，是主掌前途似錦的運氣、包含著明亮開朗、旺運、貴人運、名聲運，向上奮進精神的強旺的氣勢。而文昌是智慧與精明的文星。祿存是代表財利的成分。舉凡世界上一切的事物，只要是趨吉，有利益的，就絕對少不了有祿星的存在。祿星也可使萬事有趨吉的力量。

『陽梁昌祿』格當然是在此四星皆居旺位時，最能展現其格局所帶來的奮發有為的力量，也必然可以達到有高學歷、高知識水準而帶來的事業運。而四星中有一半的星居陷位時，就可能會因為時運不濟而錯過利用此格局，而無法發揮，使自己的人生格局和事業運有了程度上的轉變，而無法達到自己期望的事業運。例如『陽梁昌祿』格中最主要的太陽、天梁居旺時，人一生的運氣會比較好，智慧及知識水準比較高，是最能完成高學歷教育的人，通常他們都會具有碩士、博士的程度，並以此做為事業運的起點。也會從事官途和學術研究的工作。這就是為什麼很多官員會在下野之後，到大學中教書的情形了。因為實際上，這種為官之途和為師之途，是本質相同的工作之故。

『陽梁昌祿』格中，倘若是太陽居陷或是天梁居陷，或是文昌或祿星居陷。有兩個星以上居陷的命格，都是不太順利的『陽梁昌祿』格了。就很可能流年運運行在這些居陷的宮位時，人會因為一時的判斷錯誤或懶散而忽略了這個格局所帶來的好處，而中斷學業或是不努力而失去了好機會。

從歷史的經驗裡證明，要有成功的地位，與名聲響亮的事業運，就必須要有『陽梁昌祿』格。這一個格局在命盤中並不一定要存在於『命、財、官』的三合宮位裡。它也可以存在於其他的『夫、遷、福』、『兄、疾、田』、『父、子、僕』等的三合宮位中，也可以由對宮相照的狀況，再反射至三合宮位而形成格局。而最好，最確實的『陽梁昌祿』格，就是三合四方宮位的『陽梁昌祿』格了。其他由反射而形成格局的人，雖然在事業中可達到某種程度的成功，但是在學經歷上的成就，都不是最高的。

現在讓我們來看一下名人領袖級人物的『陽梁昌祿』格。

首先我們來看李登輝總統的『陽梁昌祿』格。

李登輝總統的『陽梁昌祿』格，本來是屬於『申、子、辰』這一組三合宮位的。但申宮是空宮，而天梁和祿星，是由命宮中的天梁化祿直接的對照遷移宮中的太陽星，而形成的。格局純正，力道很強，因此他在四十二歲走文昌運的流年運程時，還能到美國去讀書，得到學位。倘若沒有這個企機的轉變，就不會有今天的成就。然而既然有『陽梁昌祿』格的人，就一定會有這種聰明、才智來得到這個企機的。這就是『陽梁昌祿』格，高人一等的地方。

李登輝總統的命盤

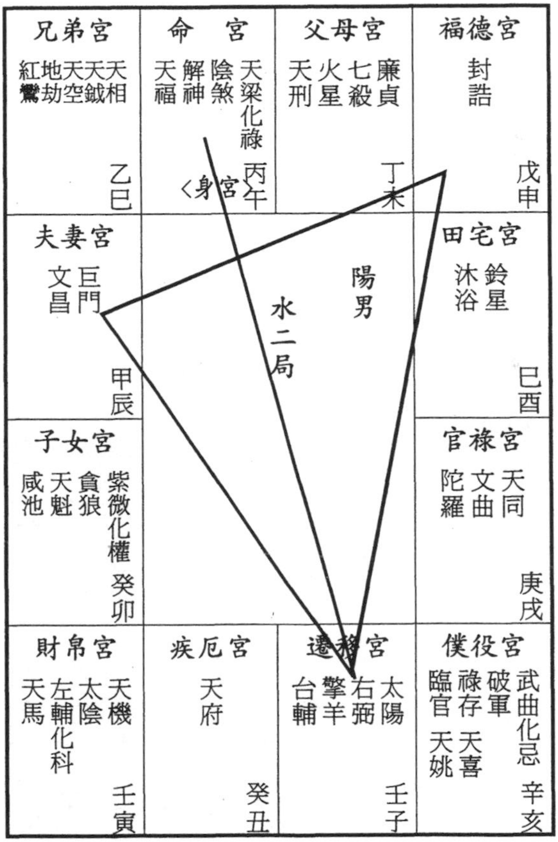

再來看大陸領導人江澤民先生的『陽梁昌祿』格。

江澤民先生的『陽梁昌祿』格，是由『卯、亥、未』一組的三合宮位和『巳、酉、丑』一組的三合宮相疊而成的。並且由巳、亥宮相對冲的力量，把這兩組三合宮位給串連了起來。當然這樣的組合會有一點瑕疵，『卯、亥、未』這一個三合宮位的組合中，只有官星（太陽和天梁）沒有祿星，而祿星是靠巳宮反射對照的力量來冲照亥宮得來的。而『巳、酉、丑』這一組宮位中，有兩顆祿星和文昌化科的科星。文昌化科又與天梁形成對照。最後在命盤上會形成一個太陽、天梁、祿存、文昌化科四個宮位所形成的由上至下向右傾斜的平行四邊形。這是一個極度複雜的『陽梁昌祿』格。就因為過於複雜，所以在事業上的成就必須經過許多考驗和困難可以達成。但是在學歷上，可能只有別人贈送的博士學位了。

『陽梁昌祿』格不但是貴格、官格，有讀書運的格局。同時做富翁，具有富格的人，最好也要有『陽梁昌祿』格，才會聰明、精明，才能長保富貴，成為首富。

請看蔡萬霖先生命盤。

在蔡萬霖先生的命盤中，在『申、子、辰』的三合宮位中有太陽、文昌。天梁和祿星（祿存）在寅申冲照申宮的文昌星，而形成格局，在他這個『陽梁昌祿』的格局中，因有化忌星（太陽化忌），而且天梁、祿存是冲照的，因此雖然仍能形成『

大陸領導人江澤民先生 命盤

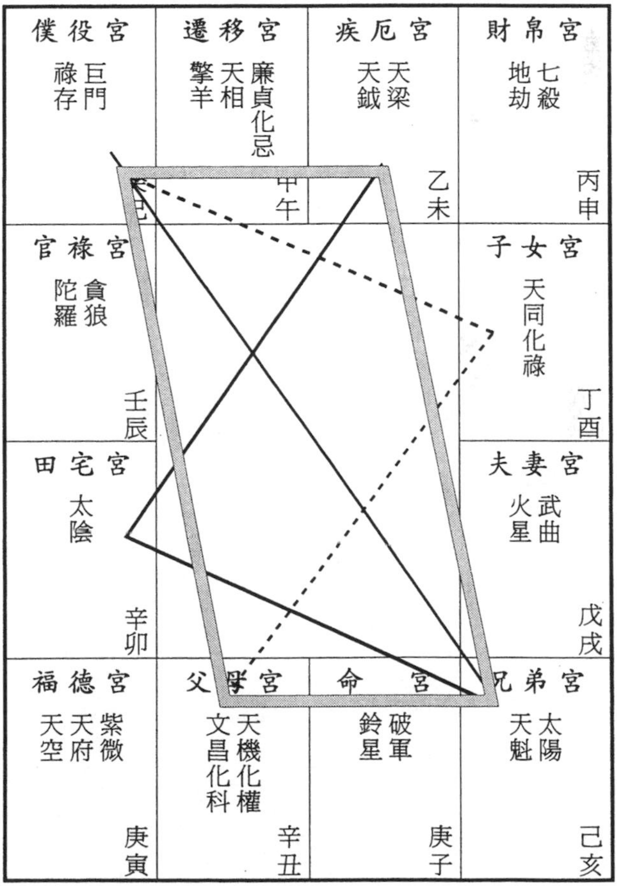

蔡萬霖先生命盤

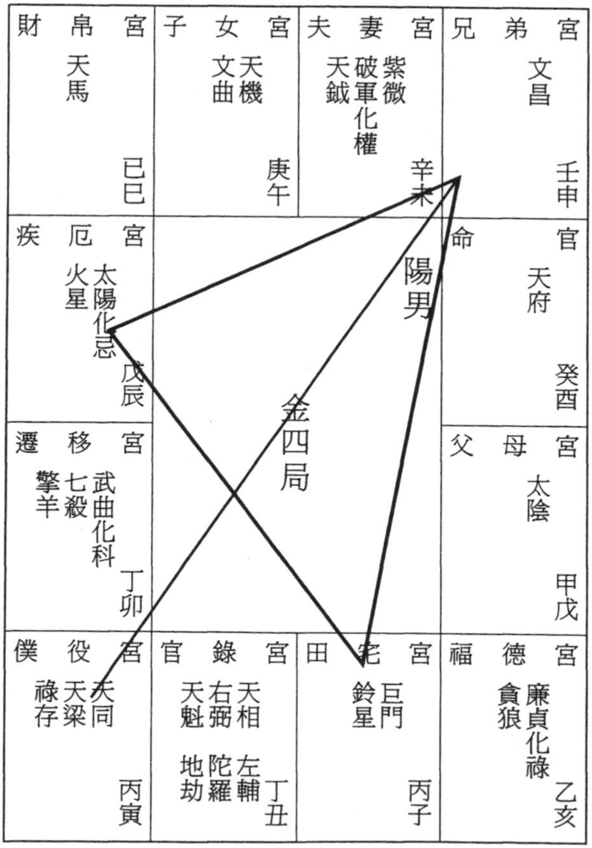

陽梁昌祿』格，但格局不強。因此在學歷上，並無發揮，而發揮在事業上了。

『陽梁昌祿』格對於人讀書、官途都有最直接強勢旺運力量。從馬英九先生的『陽梁昌祿』格中，我們就可以很清楚的看到太陽化祿、天梁、文昌的『陽梁昌祿』同在官祿宮一宮之中，太陽、天梁、化祿都是廟位的，是最高的層次。官祿宮是管聰明才智以及事業運的宮位，『陽梁昌祿』格也是管聰明才智以及事業運的格局。在命格中有這兩個條件在，事業運豈能不順暢，學歷豈會不高呢？所以馬英九先生亦能拿到博士學位後又任官職。

馬英九先生　命盤

遷移宮 天機 辛巳	疾厄宮 紫微 右弼 壬午	財帛宮 陀羅 天鉞 癸未	子女宮 破軍 火星 祿存 左輔 甲申
僕役宮 七殺 天空 庚辰	陽男 庚寅年 土五局		夫妻宮 擎羊 乙酉
官祿宮 太陽化祿 天梁 文昌 己卯			兄弟宮 廉貞 天府 鈴星 丙戌
田宅宮 武曲化權 天相 戊寅	福德宮 天同化科 巨門 天魁 天刑 己丑	父母宮 貪狼 戊子	命宮 太陰化忌 文曲 丁亥

第二節　一般人也可利用『陽梁昌祿』格的運程來提升事業運

從前面一節中，大家都知道了『陽梁昌祿』格對人生和事業造成了極大的助力。但是沒有『陽梁昌祿』格或是『陽梁昌祿』格不夠周全的人怎麼辦呢？

我們都知道有四個命盤格式的人較難形成『陽梁昌祿』格，那就是『紫微在丑』、『紫微在未』、『紫微在巳』、『紫微在亥』命盤格式的人。因為太陽和天梁的角度，不在三合宮位上，也無法相照之故，因此較難形成。

另外，出生時辰也會影響文昌星與太陽、天梁的角度問題。若是文昌星無法進入太陽、天梁所組成的三合宮位的角度上，也不在其中之一的對宮時，就無法形成完美的『陽梁昌祿』格。

其實真正的『陽梁昌祿』格，只有存在於『卯、亥、未』、『巳、酉、丑』等三合宮位中，和『子、午、卯、酉』的四方宮位中。而其他再由對照，再經過另一種三合照守所形成的複雜的『陽梁昌祿』格，其真實情況就不會如原本純正的『陽梁昌祿』格好，具有此命格的人，其學歷、知識程度顯然比不上有正格的人會讀書。

並且他們一定是具有暴發運格的人，才可能成功的。也就是說格局不夠純正的人，唸到大學資歷是不成問題，但是他們一定不會從事學術研究，他們所靠的是暴發運格而突起成功的了。就像前面所介紹的大陸領導人江澤民先生命格中的『陽梁昌祿』格很複雜，就不能算是純正的『陽梁昌祿』格，而以命格中的『武火貪』雙重暴發格為影響一生的重要格局了。

倘若在你的命盤格局中，沒有『陽梁昌祿』格和暴發運格的人，一定鬱卒，想想完了！沒有人家聰明，運氣又沒有別人好，這下子慘了，豈不是要落在很多人的後面了。

如何創造事業運

別急！別急！最前面已經說過，每個人的人生道路不一樣，事業的軌跡不一樣。每個人生命中也有不同的智慧和機會，只要善加利用和認真把握，也可以創造出不同的人生，和更高的事業運出來。

前面說過，在每個人的命盤中都有太陽、天梁、文昌和祿星（化祿、祿存）不管你命盤中的這些星曜是居旺或居陷的，只要你想要學習、想要讀書，便可以達成，利用流年運程，行經命盤中上述這四顆星的時候，參加升學考試，儘管你的命格中沒有『陽梁昌祿』格，只要你在這四顆星所在的流年中考大學，至少也會是個大學程度的資歷了。倘若你已過了考大學的年齡，而現在才看到這種方法，而想重拾書包，再多增加學歷和智慧的話，目前很多國家都有延伸教育，有短期大學和社區大學以及補習學校，大家可以找到適合自己再教育、再充實的生活環境。

有一些讀者看到我的書，向我反映說：『為什麼你一直勸人讀書，增加學歷呢？人生難道只有高學歷是人生唯一的路途嗎？王永慶就沒唸過什麼書？人家不是事業做得那麼大，這又怎麼說呢？』

表面上看起來，好像我真的非常八股，什麼時代了嘛！還勸別人多多讀書，現在是行行出狀元的時代，似乎是不必唸讀也可以做事業的。很多人都認為命好、事業運就會好。就像我前面所舉例的，只要『命、財、官、遷』好的人，事業運就會好。

如何創造事業運

各位有沒有想過？紫微斗數是一種歸納法，把很多有相同個性，大致有一生相同境遇的人，規劃在同一種命格中。但是同一命格的人，往往在一生的成就和事業上就有天壤之別。例如紫微在子宮坐命的人，有在公司行號中做小職員領薪水的人，也有自己開工廠做一個小老闆的人，更有像美國總統柯林頓，可以做總統的人。這種差別豈不是太大了嗎？有人會問：紫微坐命的人，命不是很好嗎？為什麼有的人地位這麼高？有的人地位這麼低呢？

在命理學中命格的歸納法裡，只是將人大致的性格，人生的走向，人生的架構、人生的結果、六親的關係、奮鬥力的模式，大致做一個歸納，那是很粗略的歸納法。再用生年、生月、生時，又再次歸納了一些人。其實在命理學中就是經過多次的歸納，而漸漸縮小範圍至某一個主星坐命命宮的人。在經過重重多次手續的歸納之後，才有了紫微坐命於子宮的人。但是這種歸納仍是不夠精細的。譬如說：不同的家庭、父母，不同的兄弟姐妹，不同的生活環境，不同的流年運程，仍然是會有不同結果的人生。同樣是紫微坐命子宮的人，雖然我們知道他大致的性格、聰明、才智是這樣的，但是他的內心還有許多不確定的因素。同樣是紫微坐命子宮的人，實際上在性格、聰明、才智上還是有差別，有聰明度的等級之分的。再加上每個紫微坐命子宮的人生長環境不一樣，發展出來的性格和聰明才智又會有一些差別了。

紫微坐命子宮的人，父母運不好。有家庭問題，父母會離婚，也可能是非婚生子（在我命相生涯中遇到好多個紫微坐命子宮的人都是這樣）。像美國總統柯林頓，就隨母親三嫁。因此紫微坐命子宮的人，會因家庭不幸福而養成特殊的性格，也會因為自卑而力爭上游。因為每個人的父母不一樣、家庭中所產生的問題也不一樣，人一生所處的環境也不一樣。所以存在於每個『紫微坐命子宮』的人生中的問題也不一樣。當然人生的路途也會不一樣，人生最終的結果、成就也就不一樣了。但是我們可經由命理學的歸納法、驗證法，將同屬於『紫微坐命子宮』的人，一生的重要事蹟和轉折做一個歸納。再加上命格中各種不同格局的形成，就形成影響這一個人一生和影響其事業運的中流砥柱了。

讀書有用論

很多自以為不喜歡讀書的人，都會用王永慶先生的例子來反駁我、質問我，好像希望我能承認讀書是沒有用的，宣揚讀書的理念也是多此一舉的。當我遇到這種『知識無用論』的人的時候，我會先觀察一下此人的態度和性格，看看這個人是否是完全頑固、不講理、自以為是的人，還是性格散漫、沒有讀書的環境，錯過了讀書的年齡，而不知道讀書的好處可以增高智慧的人。倘若是個顢頇自大的人，再說也無益，便不與理會。倘若態度還溫和、可以談一談的人，我便會解釋給他聽，讓他瞭解還有一個更廣更寬的世界，是可以讓他一窺究竟的，說不定也會改變他的人生。

現在我就以王永慶先生的命盤來做解釋。

王永慶先生是左輔坐命卯宮，而對宮有天機化權、巨門、天鉞相照的人。這個命格和李遠哲先生的命格是差不多類似的命格。都是非常聰明，並且對專業知識有興趣，也會具有高度專業知識和地位的人。這個命格也實際上和機巨坐命是差不多命格了。

王先生的遷移宮是天機化權、巨門，會在高知識層次的環境中，以及變化迅速的環境中可掌握主導的主控權。其財帛宮是天梁、右弼、天魁、天馬。天梁是陷落的，表示手邊的財不多，也不會用太多的錢來創業。他的財都在福德宮中，這是本命主掌的財。有雙祿在福德宮中可供享用。其官祿宮是太陽、太陰。太陽官星是居旺的、太陰是居陷的。從『命、財、官、遷』中就可看出此人是重視工作的人。再加之身宮又落於財帛宮，也重視賺錢。因此，此人的一生志業都放在工作和努力賺錢上了，並以賺錢的多寡做為事業成就及成功的標準。在他的命格裡，太陽、天梁是分處於官祿宮和財帛宮了，祿星也由福德宮反照回財帛宮，但是文昌星卻出線了，不在『陽梁昌祿』的三合宮位，和對宮中，因此並不算完整的『陽梁昌祿』格。但是此命格的特殊就是文昌化科居於子女宮，子女宮固然代表有關子女的問題。子女宮同時也是顯示出此人舒發出來的才能智慧問題的宮位。有文昌化科在子女宮的人，聰明、精明自不在話下，做事的能力、學習的能力也是高人一等的。從遷移宮的天機化權、巨門的聰明才智，再加上子女宮、文昌化科的聰明才智，這種超強度的學習能力和智慧，豈是一般人所能比擬的。

因此王先生雖沒有上過大學，但以他的聰明才智在專業領域中的奮鬥實在是可以具有大學教授的資格，在學校中教授企業經營的經驗。這種學習能力和智慧，是

王永慶先生 命盤

福德宮 天同化祿 祿存 癸巳	田宅宮 武曲 天府 甲午	官祿宮 太陽 太陰 乙未	僕役宮 貪狼 鈴星 丙申
父母宮 破軍 陰煞 壬辰	陽男 木三局		遷移宮 天機化權 巨門 丁酉
命宮 左輔 天才 辛卯			疾厄宮 紫微 天相 戊戌
兄弟宮 廉貞化忌 文曲 庚寅	夫妻宮 辛丑	子女宮 七殺 文昌化科 火星 庚子	財帛宮 天梁 右弼 天魁 天馬 己亥

※在王永慶先生的命格中其實還有『鈴貪』格和『機月同梁』格是兩個格局也同樣是促發事業運的企機。

由本身的努力和經由在社會和工作經驗中學習所組成的社會大學中，以高標準畢業，只差沒有人發給他學歷證明了而已。如果是其他的人，是否有這種耐力和學習力可以達到和他一樣的境界，是值得懷疑的。智慧和學習力也可經由磨練來增加，因此建議大家多讀書，循著學校的模式來磨練，這比像王永慶先生一樣自已苦練要容易得多。

如何創造事業運

讀書就是智慧與學習能力的展現

事實上在每個人的紫微命盤中，每一個宮位都代表著一種智慧和學習能力。例如『財帛宮』代表的是用錢、計算錢、對錢的敏感力，為錢打拼的智慧與學習能力。『官祿宮』代表的是做事與付出學習，得到學習成果的智慧與學習能力。『遷移宮』是對環境中的應變能力，和在環境中學習到影響自已利益的學習能力和智慧。『兄弟宮』和『僕役宮』都是學習溝通和瞭解如何來和同輩或晚輩共存共榮的智慧和學習能力。『夫妻宮』會顯示情感性向和情緒的智慧和學習能力，『子女宮』是顯示人體內能源的舒發和才華智力的智慧和學習能力。『疾厄宮』是顯示人體內支援資源運用的智慧和學習能力。『福德宮』是顯示付出和接受利益的智慧與學習能力。『田宅宮』是顯示主掌積蓄存留的智慧與學習能力。『父母宮』是學習與長輩溝通和瞭解的智慧和學習能力。而命宮所顯示的，就是全面性概括所有各型各類的智慧和學習能力的總合。

智慧與學習能力在事業與人生中是多麼重要啊！沒有這兩項條件，事業和人生就無法達成完美，因此怎麼能說智慧與學習能力不重要，又怎麼能輕易的放棄他們，而認為讀書是不重要的呢？

如何以『陽梁昌祿』運程來提升事業運

『陽梁昌祿』格的中的太陽就是一種像太陽一般熱烈旺盛的旺運。而天梁代表名聲，也代表能得到別人幫助的力量，同時也代表一種從谷底翻升的復建而平和的力量。文昌所代表的就是一種優質、明理、精明的智慧。祿星所代表的就是以圓融溝通的能力而能得到利益的一種智慧。

當每一個人流年運行到這四顆星所屬的宮位時，便能頭腦清明、智力增高、處理事情得法，而增加對自已的利益。

倘若在人的命盤中，太陽、天梁、文昌、祿星都是居旺的，縱然無法形成完整的『陽梁昌祿』格，每個人利用行經這些星的流年運程，也可以增加學歷，增加考運，和發奮圖強，具有升官運，也能得到名聲和事業與人生中的利益。

如何創造事業運

倘若命盤中有居陷位的太陽、天梁、文昌、祿星，在流年運程中，對於讀書考試的影響力不大。只是其人會比較懶散，有的時候是由於懶惰而失敗的，由於懶惰而放棄，使運氣不好的。這是大家必須弄清楚的問題。

不過，對於命格中有太陽陷落、天梁陷落、文昌陷落的朋友們，我倒是建議你們，在這些陷落之年的流年裡，升官和事業的開展受到限制後，最好利用這些不好的流年裡來充實自己，多學習一些東西和技術，或者是多唸一點書，增加學歷。把無用之年，化做有用之年，在來年運氣轉好後，先前所學習的技藝、學問就會成為人生最好的籌碼了，對於後來的事業運豈不是更增加了影響力，讓它跑的更快？《在法雲居士所著的另一本書『好運隨你飆』中，有對『陽梁昌祿』格做精湛的分析，讀者可以參考之》

第四章 『機月同梁』的格局運程對事業的影響與利用

『機月同梁』格是人生中最最基本的命格型態。是由天機、太陰、天同、天梁四顆星所組成的。它和『陽梁昌祿』格最明顯的不同處：這個格局中，沒有強調祿星，也沒有強調文昌星。因此這個格局的人生架構和事業的架構是明顯和『陽梁昌祿』不一樣的。

『機月同梁』格中，天機代表聰明智力，也代表變動頻繁，與隨機應變的能力。『月』是指太陰。代表一種慢慢積蓄，暗自存放的財。同時太陰也代表一種溫和體貼，有情有義的態度。天同是福星，是勞動力較少付出，而又帶一點平安撒嬌、依賴味道的福氣。天梁是蔭星。也是一種具有小聰明而可躲避在長輩或強者的羽翼下偷安型態的智謀。

在『機月同梁』格真實內含的意義裡，就是一種乖巧的，不踰越規矩的，老老實實天天上班，有固定工作與作息，終生不可間斷，才能積蓄儲存財物，也才會平安順利的一種生活的方式。

如何創造事業運

在每一個人的命格裡都有『機月同梁』格。也就是說每個人最好的生活方式就是循一定的規矩，過規律的生活。但是有的人好像並沒有依照這個方式來生活或工作。那是因為某些人在命格中會有另外的『暴發運』格以及『陽梁昌祿』等格局的關係，倘若這兩個格局成為強勢的格局，就會由他們主導了人生的事業和生命中的運程了。

當『機月同梁』格和『陽梁昌祿』同處在人之命盤格局中，是非常吉祥的，其人可以走官途，做政府的公務員，有官運。也可以做學術工作，在學術機關或大學、中學中任教做教師、教授的工作。一生也會具有成就和名聲。倘若再有暴發運格（包括武貪格、鈴貪格、火貪格）那此人的成就，就會更大了，必會成為精英份子，傲視群倫。我們可在很多大事業，與大成就的人命格中見到。因此，有三種格局混合的命格，就是容易事業成功的命格了。

倘若我們要把『機月同梁』格和『陽梁昌祿格』、『暴發運格』拿來比較的話，事實上『機月同梁格』是屬於溫和含蓄又內斂的格局。通常人都是把它當做『退可以守』的退格。例如政治人物在運程不佳的時候，多半會回到學校中去教書，由『

陽梁昌祿格』的運程又轉換到『機月同梁格』的運程來了。又例如某些人在運氣好時籌到了大筆資金開店做生意，沒一段時間，生意做不好收了起來，又去找了份工作糊口，重新再來過。這就是由暴發運又轉入『機月同梁』的運程中了。因此『機月同梁』格運程高的可以做公職為官，或做天天上班的大企業，領導人才。低的運程，可做小職員、幫傭，真是可高可低的人生運格了。不過呢？它始終是人類最好的朋友，在人困難的時候，大不了也是走這個格局了嘛！它還是會帶給人無限的生機的。

如何創造事業運

當人在走天機、太陰、天同、天梁的運程的時候，要以你命盤中這些星曜的旺弱而定行運的吉凶與金錢運豐不豐富與順不順利。當這些星都在旺位時，當然『機月同梁』格的層次較高。當這幾顆星有兩顆以上居平陷之位時，『機月同梁』的運程就不算順利了。

在十二個命盤格式中，以『紫微在子』命盤格式的『機月同梁格』最差，因為四顆星有三顆居陷，天梁也是在得地之位。『紫微在亥』命盤格式次之，它也是有三顆居陷，但天梁是在廟位的。而『紫微在卯』、『紫微在巳』命盤格局中有三顆星居旺，一個星居平，算是較好的『機月同梁』格了。

在流年運程行經『機月同梁』格中的四顆星天機運、太陰運、天同運、天梁運時，最好的方式便是穩定，不要換工作了。倘若這時候你要重新創業，最好也不要做投資做生意。去找一份固定的工作領取穩定的薪水是這個運程的最最明智的方法了。你也千萬不要以為有太陰居旺的運程就以為是財星居旺的運程，而花了大手筆的金錢來創業。太陰居旺是暗藏、儲蓄的財，無法和武曲、天府等財星來相比，因此若是你誤會了星曜本質的內含，就很容易形成被耗而不吉了。倘若在太陰居陷或天機居陷或天梁居陷的運程裡，只要規矩守份、勤奮的工作，不要太嫌棄工作的內容和職位的高低貴賤，再怎麼樣的難關或困苦，都是可以度過的了。不過呢？每個人倒是可以利用太陰居旺、天機居旺、天同居旺、天梁居旺的運程來達到升職的目的，也可以在這樣的運程裡找到貴人來幫忙自己，使事業運在穩定中成長，愈來愈高。

《在法雲居士的另一本書『好運隨你飆』中有對『機月同梁』格做精湛的分析，讀者可參考之》

第五章 暴發運格對事業運的影響與利用

暴發運格指的就是命盤格局中有中『武貪格』、『鈴貪格』、『火貪格』三種格局的運格。暴發運對人的一生影響非常大，其影響力幾乎是超越過『陽梁昌祿格』的。暴發運格的形成，在我的另一本書『如何算出你的偏財運』中也有詳盡的格局圖形與解說。讀者可以參考之。

而暴發運格對人生和事業的創造影響力深遠，則在我的另一本書『驚爆偏財運』中也有詳盡的分析。

暴發運格會影響人生，使人生產生出極大變局的衝擊力是不庸置疑的！好的暴發運格多半暴發在事業上，再由事業上所產生的名利、地位再得財富。這是一種循環輪迴的方式所產生的福祿。但是好的暴發運格也必須有好的資源條件來滋養它，這樣才會在擁有暴發運的年份，產生巨大的暴發力，一舉把此人的人生推上最高峰。這也就是說暴發運就好像蓄勢待發的太空船。而必須有充分精良的燃料才可將他送入太空中的軌道。而這個精良的燃料，顯然就是『陽梁昌祿』格了。

在前面的章節中，我列出了許多名人的命盤，大家也可以做一個比較分析。在這些事業成功有名的人命盤中，是不是很多都具有『陽梁昌祿』格與暴發運格的。像是王永慶先生和李遠哲先生的『鈴貪格』，像是蔣宋美齡女士的『武貪格』、吳伯雄先生、黃大洲先生的『武貪格』。江澤民先生的『武火貪』格。朱鎔基先生的『武貪格』等等，其實還有更多的名人都有這種暴發運格和『陽梁昌祿』所混合的格局來促使事業的成功，這些例子是多不勝數的。

先前說過，『機月同梁格』是固定存在於每個人命盤中的基本格局，也是每個人都具有的基本格局，當然，當一個人具有『暴發運』格和『陽梁昌祿』格時，同時也具有了三種格局了。

可是有沒有人會只具暴發運格和『機月同梁』格呢?當然是有的喲!在一個人的命格中缺少了『陽梁昌祿格』，而有火星、鈴星和貪狼星同宮或相照(在對宮遙遙相望)時，就會形成此等命格了。這些命格有一些特質，就是容易直接暴發錢財，反而不容易暴發在事業上。有些人常因中獎而得到意外之財，或是出乎意料之外得到遺產、贈與的人，只要在一個突發的時間內得一筆可以用金錢來衡量的物質，都算是屬於此類的暴發運。就像是『紫微在巳』、『紫微在亥』命盤格式中有的『武

如何創造事業運

貪格』，某些人也會暴發金錢運。因為他們沒有做什麼較具體的事業，因此無法暴發在事業上。例如一位紫殺坐命亥宮的女士，他只是市場經營賣菜的小販。在未年經由暴發運暴起。自組民間自助會，手邊經過的錢財上億，但是暴發運有『暴起暴落』的特性，在酉年時已負債二、三千萬元了。此人所經營的自助會因為算不上是事業，因此也只有暴發在金錢運上了。而『紫微在巳』、『紫微在亥』命盤格式的人，是較難具有『陽梁昌祿』格的人，普通他們就是只能具有『機月同梁』格和『武貪』格了。

在全世界的人類中，有三分之一的人類會具有暴發運格。但是有許多人並不瞭解暴發運格在自己生命中所具有的意義，因此忽略了或推開了暴發運格（暴發運也稱做偏財運）。

有一位七殺坐命申宮的朋友，在看了我的書以後，來找我論命。他說：從書上對照起來，他是有暴發運格的，但是為什麼他一直沒發現在何時暴發了呢？

這位七殺坐命申宮的朋友，是屬於『紫微在寅』命盤格局的人。無論是『紫微在申』或『紫微在寅』命盤格局都具有『武貪格』暴發運。除非是壬年所生的人有武曲化忌或癸年生的人有貪狼化忌而感覺不到有暴發運之外，其他的人是肯定有暴發運的。這位朋友是己亥年生的人，當然更具有完美的，超強的暴發運。因為有武曲化祿、貪狼化權在『武貪格』之中的關係。可是他說他並沒有暴發運，很讓我奇怪？

經過推算，他應該在二十四歲那年暴發偏財運，而且所得的是錢財方面的東西。經我追問他在二十四歲那年有沒有發生重大的事情？他說：那年剛好父親去世，他是長子，母親要把家中幾棟房子過到他的名下，但是他並沒有接受。我說：『那就是了！這也是就是偏財運呀！』他說：『那怎麼算呢？我並沒有接受呀！』可是最後他還是拿了家中一些錢，到外面另起爐灶，自己開店做生意去了。

這個人的暴發運是真正已經爆發過了，不管他自己認為有沒有接受，而事實上是依然存在的。很多人並不確切的瞭解自己生命運程中的一些現象，而一味的固執、清高。這是他自己拒絕了偏財運、暴發運。是不能夠以不承認的態度，說它是完全不存在的。況且我在『如何算出你的偏財運』一書中開宗明義的就講到，偏財運所發生的內容的架構是非常多樣化的，舉凡中獎、得到一筆遺產，突然領到大筆的加班費，凡是出乎人意料之外。不在自己預算範圍中所得到的金錢都是『偏財運』。由此大家可以明瞭，並不是你想不想收，或是像這位七殺坐命的朋友，想把遺產讓給學歷、能力都不高的弟妹，做為他們日後的生活費。就可以認為暴發運沒有發過了。下次他若再遇到暴發運，然後又把它所產生的財利又讓渡於人。那這位朋友是不是永遠都無法把握暴發運在人生中所創造的實質好運了呢？

從另外一個角度看，這位七殺坐命的朋友，在二十四歲時從家中拿了一筆錢到外面自立開店，實際上已經用了這個偏財運了，只不過他嘴硬，硬是不肯承認這筆突然得到的錢財就是偏財運罷了。

人一生中會經歷的暴發運的事件種類非常多，每個人都不一樣。像是小說家張愛玲女士，在二十三歲那年暴發『火貪格』而文名大噪。希特勒、拿破崙他們都是因為有暴發運格，而在自己的生命中點燃火花，而達到自己生命運程的高峰。因此每個人都應該好好檢視自己的命盤，找出這個最具有威力，能創造自己事業顛峰運程的強勢運氣出來。並且在暴發運所屬的年份裡好好打拼奮鬥，縱橫四海，傲視群雄的時刻就會在眼前出現！

※如要細心探討暴發運程以及偏財運格，請觀看法雲居士所著『如何算出你的偏財運』、『驚爆偏財運』兩本書，你會得到很大的助益。

如何創造事業運

命理生活新智慧・叢書

好運隨你飆

熱賣中

在人類的一生中有四個格局是必需經歷的，
那就是『陽梁昌祿』格、『機月同梁』格，
『武貪格』和『殺、破、狼』格局了，
其中『陽梁昌祿』格是主貴的格局。
『機月同梁』格是做公務員、薪水階級的格局。
『武貪格』是暴發運和偏財運的格局。
『殺、破、狼』格局是主宰人生大變動的格局。
在每一個人的人生中，至少會具有兩個以上的格局。
在你的人生中會具有那些格局、變化呢？
想不想知道自己是怎樣過一生的呢？
讓我們一起來破解『格局』之謎！
好運會隨你掌控飆舞！

「好運隨你飆」——
是法雲居士繼「如何掌握旺運過一生」一書後
再次向你解盤運氣掌握的重點
讓你更準確的掌握命運！

第六章 『殺、破、狼』運程對事業的影響與利用

『殺、破、狼』格局在每個人一生的命運中都會逢到，它也存在於每一個人的命盤之中。『殺、破、狼』運程是一個強勢的運程，往往人也在經由這三個七殺、破軍、貪狼的運程時，會做出對人一生命運的改變。主要就是因為七殺、破軍、貪狼的運程，就是會在一種冥冥中所具有磁場的推力下，而進行鼓舞士氣，打拼奮戰，努力不懈的工作力量。

『殺、破、狼』格局在人的命盤中呈現三足鼎立之勢。也就是每個人會每隔三年奮發有為一次。但是七殺、破軍、貪狼三顆星所代表的意義不一樣，也因此，每隔三年所奮鬥力量的內含也不一樣了。

七殺運

七殺星，是戰將，代表不停的出外殺伐。也就是代表不停的勞動力量。因此在七殺當值的流年裡，你是腦中只有一個目標，不停的做，只要賺到錢就好了。你會不停的付出勞力，並不會太計較工作有多苦，或是代價太少等等的問題，你在七殺的運程裡，會認為只要做了有一點收獲就可以了，而會把眼光放在較遠的未來的收獲上，而不會急功好利。這是七殺運的優點。相對的，七殺運的缺點就是人常常會一味的做事，而沒有多用頭腦想一想，因此常常在打拼中多做了很多無用的事情。不過你是不會在意的，凡事你都會把它當做是投資嘛！晚一點回收又有什麼關係呢？

在你命盤中的七殺倘若是居旺的，那你在七殺運打拼努力後，在後來的兩三年中，就會顯示吉祥、充實的好運。倘若七殺星和武曲、廉貞同宮，這時候七殺星雖然是居旺的，但是意義卻完全不一樣了。

武曲和七殺同宮時，此時的流年運程仍然是辛苦費力，流血流汗的奮鬥運程，但是由於同宮的武曲財星居平，因此在武殺運中是辛苦而又賺不到很多錢的運程。一般來說並不會把它列入吉運。

廉貞和七殺同宮時，此時的流年運程，是辛苦的埋頭苦幹。由於廉貞居平的關係，表示此運程是少用腦子，沒有智慧的一味蠻幹，並且收獲並不多，因此這個運程也不算是好運的運程。

紫微和七殺同宮時，在紫殺的流年運程裡，因為七殺星居平，而紫微是居旺的，因此紫殺的運程，並不會那麼拼命努力了。並且因為紫微是帝王星，是高高在上的星，反而紫殺運是稍微做做樣子的努力，並不實際的付出血汗、勞苦的奮鬥了。也因此你可以看到在『紫微在巳』、『紫微在亥』的命盤格局中的人，在走完『紫殺運』之後，接連就會走三個空宮弱運，一直到廉破運時又開始打拼了。

破軍運

七殺運過了三年就會逢到破軍運。破軍星也是戰將，代表不停的出戰、掠奪、破壞、耗損的侵佔力量。每個人在破軍運的時候，就有一股衝動要向外發展，要到外面的世界去闖一闖，以期得到自己想要的東西（包括名利）。這種是想要出戰、掠奪的心願。要想出戰，就必需和別人不一樣，並且由於自己的加入，也會破壞外面世界的平靜和平衡感，並且自己也要花費一些，及付出代價。這就是破壞和損耗的部份。

破軍運的努力打拼和七殺運不一樣，七殺運是只賺不賠，（賠的是體力，無須花錢），而破軍有損耗的意義，強力的打拼，在財利上的獲得加加減減是有點不合算的。因此很少有人把破軍運當做好運的。但是破軍單星居旺在流年運程時，對於政治人物在選舉上會是強勢的運程。一般人要利用破軍運時，可利用其大膽的特性、不計後果的態度來從事對自己有利的事情。例如說：平常你有許多不敢講的話，不敢做的事，而這些事是有利於自己工作上的問題，好幾次都提不起勇氣去說或去做。在破軍運時，你就會具有勇氣去說、去做了。不過呢？破軍運有耗損的特性，倘若是要談與金錢有關的事情，譬如：要求加薪、議價，就不能用破軍運的運程了，那會達不到自己原來的願望。並且議價的條件很不好。

破軍運不論破軍是居廟、居旺或居於寅、申宮在得地剛合格之位，都是具有衝動而帶有破耗性質的衝刺運程。倘若是雙星情況出現時也代表不同的意義。

有紫破同宮時的流年運。因有紫微帝星和破軍戰將同在一個宮位出現，此時你的打拼能力就好像是皇家軍衛隊一般的出征，擺好傲人的姿態，贏得必勝的戰爭，但是花費龐大、破耗很多。這個流年運若是用來做事，是會成功的。但是好看不中用，賺不了什麼錢。

有武破同宮時的流年運。因武曲、破軍同在平陷之位，是賺不了什麼錢，又破耗浪費很多的局面。算是不吉的流年運程。

有廉破同宮時的流年運。因廉貞、破軍皆在平陷之位，是智慧運用不足，而又衝動所造成破耗很多的局面。也是不吉的流年運程。

貪狼運

破軍運再過三年，就是貪狼運了。貪狼是速度很快的戰將。貪狼星也是好運星、偏運星。因此在殺、破、狼三種運程裡，貪狼較屬於吉運的運程。在貪狼運裡只有廉貪運是差的運程，其他都屬於好運的運程。

當貪狼居旺的流年運程裡，每一個人逢到都會有無限的好運機會到來。你可以用這個運程開展任何事情。在事業運上也是會出現很多轉機和契機，讓你得到財利和名聲、地位等好處。並且在這個流年運程中，你的人際關係會非常好，左右逢源，更會創造出無數的機會出來。

有紫微、貪狼同宮時的流年運。因紫微居旺、貪狼居平。在這個運程中，雖然貪狼這個好運星居平，但是仍然是適合升官、升職的好運機會，並且也會因為你本人較重視格調，重視地位、名聲，而受到上級長官的肯定而得到升官，發達的機會，可以好好發展事業運了。

有武曲、貪狼同宮時的流年運。此運程就是暴發運要暴發的年份。武曲是正財星，貪狼是好運星。財星遇好運星，就要暴發財運了，在此年你會在事業上得到重大的利益。這個利益也許就是改變你一生成就的力量。這是需要好好把握的流年運程。

有廉貞、貪狼同宮時的流年運。此運程因為廉貞、貪狼俱陷落，因此在人緣關係上，在好運機會上都落入谷底而不吉，是命盤中屬於『爛運』之一的一種運程。『紫微在丑』、『紫微在未』命盤格式的人在巳、亥年就會遇到它，須要好好的忍耐來過完它。

在貪狼運過完，再過三年就是七殺運。於是周而復始，再每隔三年行一次『殺、破、狼』格局，每個人的一生就是在『殺、破、狼』中起起伏伏，周而復始的循環著。也因為如此，人每隔三年就有一次轉變運程的機會。因此有俗語說：『叫花子都有三年好運』。也就是這個循環的道理了。

『殺、破、狼』格局既然存在於每個人的命運之中，我們想要努力，想要創造事業，便不能忽略它，尤其是要好好運用它。只要看清楚自己命格中的『殺、破、狼』是旺、是弱，和什麼星同宮，便可以由前面的解釋中瞭解自己的『殺、破、狼』運程，那一個是最吉的，那一個是次吉的，那一個最差。好的運程儘量利用，來奮力打拼。差的運程儘量不要再產生變動。因為變動會更加速破耗不吉。要守成靜養，等待吉運的到來，自然就可創造出好的事業運了。

《在法雲居士另一本書『好運隨你飆』中有對『殺、破、狼』格局的精湛分析，讀者可以參考》

第七章 流年運程對事業運的影響與利用

前面一章談的是『殺、破、狼』運程，也就是每隔三年所逢到的運程。現在談的是每一年的流年運程對事業運的影響。

在談流年運程時，便不能不談在十二個命盤格式中每一個命盤格式的問題了。在所有的命盤格式中，以『紫微在巳』、『紫微在亥』命盤格式的空宮最多，有四個之多。空宮在流年運程中代表弱運。因此空宮多，弱運就多。並且其中還有廉破運連接，實則就有五個不吉的流年運程。試想想看，一個人連著五年運氣都不佳，而別人都在奮發有為的上進。那這個人的成就是不是要落後別人一大截了？因此屬於『紫微在巳』、『紫微在亥』命盤格式命格的人，實在應該比別人更要小心走自己的事業的道路不可！但是很多人往往就不會這麼想，因此逢到弱運時，只會哇哇大叫，無濟於事了。

前些時候，有一位廉破坐命卯宮的朋友來找我論命。廉破坐命的人，一向不相信別人。因此我很好奇的問他：想要問些什麼？他說：現在要做一筆大買賣，不知道會不會成功？準備進口石油。

我告訴他，以他的命格，做軍警、勤治人員、或是像林瑞圖先生一樣做政治性的戰鬥事業都是適合的，但是就是不適合做生意。因為他的官祿官是武曲化權和貪狼，財帛宮是紫殺之故。

他說：『軍人已經當過了，我以上校退伍。就是想要賺大錢才退下來的，現在我要做生意。』

我告訴他，廉破坐命的人是不可做生意的，必有敗亡。以前歐士堡建設公司的老板就是廉破坐命的人，生意做得大，失敗後在美國殺死母親、妻子、自己自殺。廉破坐命的人，膽子大，好大喜功，又喜歡撐場面，破耗多。寅吃卯糧，根本不是做生意的料。失敗、禍闖大了，只有死路一條。

況且會做生意的人，從很小就開始接受訓練金錢的價值觀。尤其有財星坐命的生意人，更是天生對金錢具有敏感力，知道錢的方面在那裡，不會像他這樣半路出家，五十歲了還不清楚自己該走那條路？錢的方向在那裡？

他不相信。再問：『我的官祿宮裡有武曲化權呀！武曲不是財星嗎？怎麼說我不會賺錢呢？』

的確，在他的官祿宮裡有武曲化權和貪狼。武曲的意義並不只有帶財的成份，同時也含有政治的意思。尤其有化權，再和貪狼同宮在官祿宮時，做軍警業的成份是最濃厚的了。這同時也要考量廉破坐命的人破耗較多較大，無法從事與金錢相關的行業而言的。另外，他的財帛宮是紫殺，就是在一種高層次的環境中，又不需要太多的勞碌就可以得到的錢財格局。這個『命、財、官』的命格必是一個做軍警官職的命格。同時這也是『機月同梁』格中較高層次的格局。因此廉破坐命的人一生中最好的路途只有兩條路可走。一條是做軍警職。一條是走政治路線。

在聽了我的解釋之後，他終於『哎呀！』嘆息了一聲『怪不得在我要退役以前，我的長官都勸我不要退！說以後一定會有出息的。可是我不聽！我從沒聽過誰的話！自己決定了就算！以為自己還有些本領會賺錢。退伍一年多，把退休金投資和朋友開了家貿易公司，全花光了，現在想東山再起，想進口石油，你幫我算算看做不做的成？』

『投資要有錢！你現在有錢嗎？』我問。

『就是這個問題！現在我沒錢，我太太的娘家有錢，你看看倘若我向他們借個幾百萬，借不借得到？』

聽了這話，我一直搖頭。這個廉破坐命的人，膽子很大，簡直到了不知死活的地步。廉破坐命者的父母宮都是空宮，有機梁相照。父母都是平凡而沒有經濟能力的人。可見他自己的父母是沒有能力拿出那麼多錢來給他敗光的。聽說他的岳家有家產好幾億。但是因為廉破坐命者的父母宮是空宮，與長輩的運氣屬於弱運。因此他本人與岳父、岳母的關係也不會太好，照顧自己的女兒還可以，豈會拿出數百萬來給女婿花用？真是想都別想了！這個人真是太天真了！

『錢既然也借不到，生意也做不成，現在自己吃飯都有問題，老婆由岳家養，現在居住美國。那現在到底要怎麼辦呢？』

我建議他想點實際的工作，去找個固定工作先解決吃飯問題。可是現在已五十歲了，要找什麼樣的工作呢？

我再建議他：現在選舉很如火如荼的展開，他可以找一個候選人做明主投靠，以他上校的經歷人面廣，合適拉票，可能可以找到薪水高一點的工作。

可是他卻說：『現在我都這把年紀了，還叫我去侍候人，那多沒面子啊！』又說：『我已經霉了好幾年了，難道今年還不能有轉機嗎？』

『你自己也會看一點命盤的嘛！你自己看，卯年走的是廉破運，辰年走的是空宮弱運，你是不是要把這兩年走完才會好？而且在巳年的天府運只居得地之位，並不旺，只是過得去罷了。』

如何創造事業運

『難道我就要這麼過一生了嗎?』他很悲哀的說。

『每個人一生都有自己該走的路途。這是你自己擾亂了自己的人生的運途,也擾亂了事業運。走到別的叉路上,再重新開展事業當然是很困難的。況且是一種並不合適的事業。』

『不過呢?你也不必悲觀,在五十四歲時的羊年裡,就會面臨你一生最大的暴發運了。到時候會有意外的奇遇。也許你的岳父會留給你一筆財產喲!』我在他的命盤格局中已經看到最大偏財運的時間,是在四十六歲至五十五歲的大運裡,認真算起來,是在五十四歲的時候會爆發偏財運。倘若大運、流年、流月三重逢合時,就會是此生最大的一次偏財運和暴發運,是值得把握的。

在得知自己還有機會翻身後,這位廉破坐命的朋友滿懷感嘆,又還有點安慰的離開了。

空宮太多就是『紫微在巳』、『紫微在亥』命盤格式的人,運氣不好,運氣無法連貫的原因。

此外,『紫微在子』、『紫微在丑』、『紫微在卯』、『紫微在辰』、『紫微在午』、『紫微在未』、『紫微在酉』、『紫微在戌』八個命盤格式的人,在命盤中都有兩個空宮,也會多有兩個弱運流年。

只有『紫微在寅』和『紫微在申』兩個命盤格式的人，在命盤中沒有空宮，也因此流年運氣較好，較連貫，在人生和事業的努力打拼上較得力。

太陽、太陰的旺弱對流年的影響

在流年問題中還有就是命盤中的太陽與太陰旺度的問題。

當太陽居旺在命盤中時，多半太陰也會居旺在命盤中，只有太陽和太陰同宮時，才會一個居旺一個居陷，這就是屬於『紫微在辰』、『紫微在戌』命盤格式的人才會有的情形。因此這兩個命盤格局的人，在流年運行到日月同宮的宮位時，也總是陰陽不順的。不是事業運還不錯，但是財不多（日月居未宮）；要不然就是財利還好，但事業運，升官運不佳（日月居丑宮）。

當命盤中有太陽是居旺的，太陰星也是居旺的時候，稱做『日月皆旺』的格局。這個格局會在『紫微在巳』、『紫微在午』、『紫微在未』、『紫微在申』，四個命盤格式中看得見，因此這四個命盤格式中的人，會比其他的人多兩年好的流年運程。

當命盤中的太陽、太陰居陷時，稱為『日月反背』格局。此格局則會在『紫微在子』、『紫微在丑』、『紫微在寅』、『紫微在亥』四個命盤格式中看到。因此這四個命盤格式的人會比別人多兩年不順利的流年。還有命盤中只有一個星旺，一個星居陷的情形，例如『紫微在卯』、『紫微在酉』命盤格式。因此他們比別人只多一年不順而已。

流年運對事業運最有助益的就是要有官星、財星、運星等居旺在流年宮位裡。官星有紫微、太陽、廉貞、天梁等等，必須居旺，才能對人之事業運有益。財星是指武曲、天府、太陰、化祿和祿存，也必須居旺才行。運星是指貪狼、天機等星。此二星也必須是居旺的，才為好運。若居陷位，都是最差的流年運程了。

在流年運程裡，有官星當值，可以升官、升職，擴充事業，但在財利方面少一點，要不然，除非是官星和財星同宮的流年運程，例如紫府的流年運程或太陽居旺化祿的流年運程，都是財官並美的流年運程，事業運逢之會更旺。

倘若在流年運程裡財星碰到運星，就要看是什麼財星？又是什麼運星了。倘若是武曲碰到貪狼同坐流年宮位中，則能創造更大的富貴出來。而太陰碰到天機，則財運仍是有起伏波動，事業上也會產生一些變化。只要太陰是在旺位，就多少有點財利，但絕對是不多的。

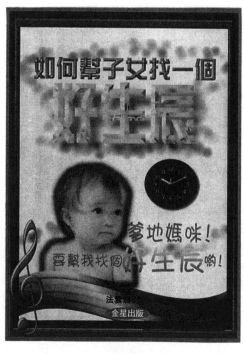

如何創造事業運

第八章 如何創造事業運

談到事業運的創造，好像題目太大了。到底事業運要如何去創造呢？不是事業運好的人，就早就功成名就了。事業運不佳的人，就老是做不起來？既然『命、財、官、還』都已經決定了，不是早已命中注定了，還談什麼事業運的創造呢？

其實不然，我在書中曾談到命理學是一種歸類法，把相同條件的人或事或物，歸類在一起，而形成各個宮位，和各個星曜所代表的不同的意義。譬如說吳伯雄先生是貪狼坐命辰宮的人，他的還移宮是武曲財星，他的家道富裕，在銀行中佔有很大的股份。而另一個同樣是貪狼坐命辰宮的人，還移宮同樣是武曲，家道也很富裕，但這兩個人的財富就絕對不會一模一樣，一定會有一個高下。而命理學只是把同是貪狼坐命辰宮的人的特徵，以歸類法表現出來而已。

既然大家明瞭了同在一個命宮，或是有相同的財帛宮、官祿宮、還移宮，其實在具有相同條件的『命、財、官、還』，還是會具有很多相異性的。這也表示就算是有相同命格的人，財富的大小，事業的高低成就，仍是在很大的範圍中所論定的。

既然有了這種認知，那要創造事業運就不算不可為了。

要創造自己的事業運，首先要弄清楚自己人生的走向。人的命格（命理格局）就是人生的走向，也是人生的方向。知道人生的方向和運程起伏震動的波動之後，就能順應命運的潮流，發展屬於自己的事業運。

在人的命格中有不同的現象，事業運也有不同的現象。真正要分類，其實所有的天下人分為兩種就可以了。一種是向外取財的人，另一種是有外來劫財的人。向外取財的人，是本命中財少，而要向外奮鬥拼命打拼的人，因此向外取財的人，很辛勞。例如：廉殺、廉破、七殺、貪狼、破軍、紫破、紫殺、巨門、廉貞、太陽等坐命的人。

第二種有外來劫財的人，是本身自身有財，因此他們在性格上較溫和緩慢，不慌不忙，打拼不賣力，喜歡享福。多半是別人向他索取得多，故稱為外來劫財的人。例如：天府、太陰、武曲、天相、天同等命格的人。

在清楚自己是那一種人之後，再看自己命格中具有那些格局，是『陽梁昌祿』、『機月同梁』、『武貪格』三種都有的格局，還是只具有某兩個，或某一種格局，由此可以判斷出事業的類別。

如何創造事業運

知道事業的類別，就知道自己該努力的方向了。

接下來便要利用流年運程來推動事業運。倘若你是走學術性、官職、高科技的路途，便可利用『陽梁昌祿』格所在的流年運程來幫你達到推波助瀾的效果。在天梁、太陽、文昌、祿星所在的流年宮位中，因為都是吉星，因此在這些流年運都是平和順利的流年運。

倘若在你的命盤格局中沒有『陽梁昌祿』格，也沒有暴發運格，只有『機月同梁』格的人，都是不適合做生意的人，因此不要輕易嚐試做大投資和開店、開公司。就算是天府、太陰坐命的人，也是有些人可從商，有些人則不能從商的，必須一一認明才好。

而且倘若命格中有暴發運格，也不全然代表你是可以具有操作股票的贏家。一定要在金錢上完全掌握好運能力的人，才能為之。例如說命宮是武曲化祿、貪狼化權坐命的人、貪狼化祿坐命的人、或武曲化權坐命的人，才會具有這種能力。其他有武貪、貪狼、武曲等星在財帛宮、官祿宮的人，並不真的稱得上是能掌握好運的人，因此對於做快速投資和理財，還是慎重為佳。

當流年運經過七殺、破軍、貪狼等運程時，你就必須知道在你的人生中會有一些轉變，並且要思考把它盡力轉向好的、上進方向的轉變。在『殺、破、狼』的運程裡，都是不宜擴張太大，變化太大的。因為運程本身已經動得太厲害了，倘若自己又好大喜功、不知節制，擴張太快、太大，很容易垮掉。就像寅年時瑞聯建設跳票事件，其老板周啟瑞行七殺運，因公司擴張太快，旗下並開設航空公司及數十個關係企業，而相互牽連。在金融風暴與經濟不景氣之下，而搖搖欲墜。

有些人的貪狼運剛好恰逢暴發運格，這是非常旺盛的運格。運氣來了，擋也擋不住，因此很多人把事業發展迅速擴大。但是暴發運格有『暴起暴落』的特質，最遲兩三年內，錢財也多半會敗光。除非你有非常好的理財能力和敏感力，否則很難留住金錢，因暴發運格而致富的人，都是具有理財和對錢財敏感力的人，所以一般人最好還是預先籌謀，先做打算，倘若自己暴發了偏財運，是要如何處理錢財才能保住錢財。

如何創造事業運

而命格中沒有暴發運的人，就是要以正職為主，天天上班，固定領薪的純正的『機月同梁』格的人了。這些人在走貪狼運時也依然會有一些好運，只不過沒有突然暴發的機會罷了。

在知道自己一生命運的起伏程序和走向後，自然會對自己的事業運做出一個評估出來，並且也會很清楚的瞭解自己在那些年會事業運順利，那些年會較為不順。不順的時候以靜守的姿態養精蓄銳，多充實自己，以待旺運的時候可以利用。事業

如何創造事業運

順利的年份，好好打拼。並且掌握每一個旺運時間，及殺、破、狼打拼的時間，這樣就可使自己的事業運完全掌握在自己的手中了。全新的、更好的事業運也就更順暢的展開了。對自己的人生、命運、想法先做分析，在適當的好運的時候，掌握住好運重點，在該打拼的時候要奮鬥不懈、不能放棄。在暴發運暴發時不要遲疑，在該做領薪水的工作時不要妄想做老闆，不適合做生意的人，不要不信邪。腳踏實地，機會來了，自然有人會告訴你。人生是由很多不同長短、大小、厚薄的點、線、面所構成的。如何應用自己生命中的資源，把事業運燃燒得最亮、最旺，這就是每個人的智慧了。願與大家共勉之！

《法雲居士所著『如何掌握旺運過一生』、『你一輩子有多少財』、以及『紫微改運術』、『紫微交友成功術』，都是創造事業運最好的輔助書籍，讀者可以參考之。》

對你有影響的

羊陀火鈴

法雲居士⊙著

在每一個人的命盤中都會有羊、陀、火、鈴出現，這些星曜其實會根據其本身特質來幫助或影響命格，有加分、減分的作用。羊、陀並不全都不好。火、鈴也有好有壞，端看我們怎麼運用它們的長處，和如何抵制它們的短處，就能平撫羊、陀、火、鈴的刑剋不吉。以及利用它們創造更高層次的人生。

對你有影響的

昌曲左右

法雲居士⊙著

在每個人的命格之中，文昌、文曲、左輔、右弼都佔有重要的位置。昌曲二星不但是主貴之星，也直接影響人的相貌、氣質和聰明度，更會為你的人生帶來不同的變化和創造不同的人生。左輔、右弼是兩顆輔星，助善也助惡，在你的命格中，到底左輔、右弼兩顆星是和吉星同宮還是和凶星同宮呢？到底左右二星有沒有真的幫忙到你的人生呢？

易經六十四卦詳析

袁光明⊙著

這是一本欲瞭解《易經六十四卦》中
每一幅卦義的工具書。

易經主要的內容與境界在於理、象、數。
象是卦象，數是卦數。
『數』中還有陰陽、五行等主要元素。
因此要瞭解六十四卦的內容，
必須從基本的爻畫排列方式與
稱謂開始瞭解，以及爻畫間的
『時』、『位』、『比』、『應』等關係，
最後能瞭解孔子所說的：
『易簡而天下之理得矣。』

李虛中命書詳析

法雲居士⊙著

《李虛中命書》又稱《鬼谷子遺文書》，
在清《四庫全書・子部》有收錄，並做案語。
此本書是中國史上最早一本有系統的八字命理書，
此本書也成為後來『子平八字』術改變而成的發展基石。

此本書中對干支的對應關係、對六十甲子的
祿、貴、官、刑有非常詳細的討論，
以及納音五行對本命生、旺、死、絕的影響，
皆是命格主貴、主富的關鍵要點。
子平術對其也諸多承襲其用法。
因此，欲窮通『八字』深奧義理者，
必先熟讀此書中五行納音及干支間之理論觀念。
因此這本『李虛中命書』也是習八字之敲門磚。

法雲居士將此書用白話文逐句詳解其意，
並將附錄之四庫編纂者所加之案語一併解釋，
更能使讀者更加領會其中深奧之意。

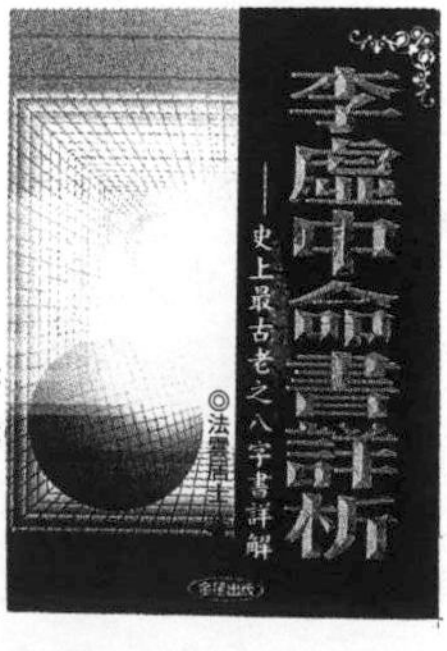

偏財運風水大解析

偏財運風水就是『暴發運風水』！
偏財運風水格局與一般風水不同，
好的偏財運風水格局會使人發富得到大富貴
邪惡的偏財運風水格局會使人泯滅人性、
和黑暗、死亡、淒慘事件有關。

人人都希望擁有偏財運風水寶地，
但殊不知在偏財運風水
之後還隱藏著不為人知的黑暗恐怖面。
如何運用好的偏財運風水促使自己成就大富貴，
而不致落入壞的偏財運風水的陷井中，
這就是一門大學問了！

法雲老師運用很多實例幫你來瞭解偏財運風水精髓，
更會給你最好的建議，讓你促發，
並平安享用偏財運所帶來的之富貴！

紫微談判學

法雲居士⊙著

現今工商業社會中，談判、協商是議事的主流。
每一個人一輩子都會經歷無數的談判和協商。
談判是一種競爭！也是一種營謀！
更是一種雙方對手的人性基因在宇宙中相遇激盪的火花。

『紫微談判學』就是這種帶動人生好運、集管理時間、組合空間、營謀智慧、人緣、創造新企機。
屬於『天時、地利、人和』成功法則的新的計算、統計、歸納的學問。

法雲居士用紫微命理教你計算、掌握時間的精密度，繼而達到反敗為勝以及永遠站在勝利高峰的成功法則。

如何選取喜用神

(上冊)選取喜用神的方法與步驟
(中冊)日元甲、乙、丙、丁選取喜用神的重點與舉例說明
(下冊)日元戊、己、庚、辛、壬、癸選取喜用神的重點與舉例說明

每一個人不管命好、命壞，都會有一個用神和忌神。
喜用神是人生活在地球上磁場的方位。
喜用神也是所有命理知識的基礎。
及早成功、生活舒適的人，都是生活在喜用神方位的人。
運蹇不順、夭折的人，都是進入忌神死門方位的人。
門向、桌向、床向、財方、吉方、忌方，全來自於喜用神的方位。
用神和忌神是相對的兩極。
一個趨吉，一個是敗地、死門。
兩者都是人類生命中最重要的部份。
你算過無數的命，但是不知道喜用神，還是枉然。
法雲居士特別用簡易明瞭的方式教你選取喜用神的方法，
並且幫助你找出自己大運的方向。

命理生活新智慧・叢書

紫微斗數全書詳析

《上、中、下、批命篇》四冊一套

◎法雲居士◎著

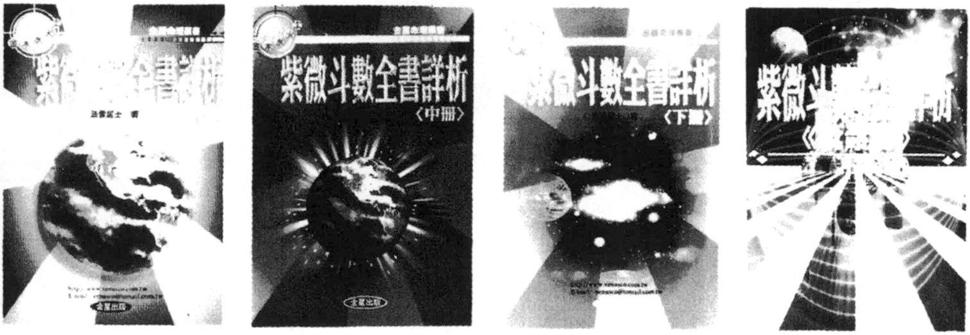

『紫微斗數全書』是學習紫微斗數者必先熟讀的一本書。但是這本書經過歷代人士的添補、解說或後人在翻印上植字有誤，很多文義已有模糊不清的問題。

法雲居士為方便後學者在學習上減低困難度，特將『紫微斗數全書』中的文章譯出，並詳加解釋，更正錯字，並分析命理格局的形成，和解釋命理格局的典故。使你一目瞭然，更能心領神會。

這是一本進入紫微世界的工具書，同時也是一把打開斗數命理的金鑰匙。